지피지기 논술

지피지기 논술

펴낸날 | 2006년 12월 7일 초판 1쇄

지은이 | 이동민 · 박재홍
펴낸이 | 이태권
펴낸곳 | 소담출판사
　　　　서울시 성북구 성북동 178-2 (우)136-020
　　　　전화 | 745-8566~7 팩스 | 747-3238
　　　　e-mail | sodam@dreamsodam.co.kr
　　　　등록번호 | 제2-42호(1979년 11월 14일)
　　　　홈페이지 | www.dreamsodam.co.kr

ISBN 89-7381-893-7 43300

● 책 가격은 뒤표지에 있습니다.

실전 대비 논술 교과서

지피지기
논술

이동민 · 박재홍 지음

소담출판사

차례

논술이 어렵다고요?

물론 어렵습니다.
하지만 이 책을 따라서 다섯 번만 써 보면 쉬워질 것입니다.

15년 가까이 논술을 지도하면서 느낀 것은 논술을 가르치기가 쉽지 않다는 점입니다. 그렇습니다, 논술은 가르치는 것도 어렵고, 배우기도 어렵습니다. 요즘 학생들은 책보다는 컴퓨터나 오락기와 더 가깝게 지내기 때문에 글을 읽고 쓰는 것을 더 어렵게 느낄 것입니다.

하지만 논술을 1,500자 길이로 다섯 번만 써 보면 어렵다는 생각이 없어질 것입니다. 수능이 끝나고 많은 학생들이 논술 공부를 합니다. 그러나 대체로 많은 학생들이 중간에 포기해 버리거나 자신감을 잃는 반면, 다섯 번만 참고 쓰면 잘 쓸 수 있다는 조언에 충실하게 따른 학생들은 지원한 대학에

합격했습니다.

 사실, 어려서부터 책을 많이 읽고, 어떤 종류의 글이건 많이 써 본 학생이 논술도 잘 씁니다. 그럼 그렇지 않았던 학생들은 논술을 포기해야 할까요? 잘 쓸 가망성이 전혀 없는 것일까요? 대부분은 그렇게 생각합니다만 전혀 그렇지 않습니다.

두꺼운 논술 책은 글을 써 볼 마음도 없어지게 만듭니다.

 이 책은 수험생들을 지도하면서 깨닫게 된 논술비법을 압축한 것입니다. 많이 특이하죠? 그러나 이 정도 내용만 익히면 논술을 잘 쓸 수 있습니다. 보통의 논술 책들은 너무나 두꺼워 지레 겁먹게 만듭니다. 학생들은 첫 장을 펼치는 순간부터 무성한 활자와 개념들에 짓눌려 열 장 이상을 혼자서는 넘기지 못합니다. 논술 책은 많이 있지만 학생들이 혼자서 쉽게 이해하고 응용할 수 있는 책은 사실 거의 없습니다.

 그것은 책을 읽지 않은 학생들이 책임져야 할 일만은 아닙니다. 무턱대고 어려운 개념과 현학적 지식을 나열해 대며 그것을 알아야 한다고 강요하는 책들에도 문제가 있습니다. 사실, 논술 주제는 윤리와 사회·문화 교과서에서 이미 다 배운 내용입니다. 물론, 기존의 책에 미덕이 없는 것은 아닙니다. 학생들을 질리게 한다는 점만 뺀다면 말이죠.

학생들이 모르는 것은 사실 많지 않습니다.

전에 이런 적이 있었습니다. 논술 수업 준비를 하기 위해 선생님들이 각자 주제를 정해서 시범 강의를 했습니다. 그때 한 선생님이 띄어쓰기를 위해서는 의존명사를 알아야 한다면서 약 50여 개의 의존명사를 숨도 쉬지 않고, 암기력을 자랑하며 외우시더군요.

'것, 수, 바, 지, 만큼, 데, 체, 채, 척…… 헉! 헉! 헉!'

하지만 저는 그렇게 많은 의존명사를 알 필요는 없다고 말했습니다. 학생들이 논술에서 쓰는 의존명사는 10여 개도 채 되지 않기 때문입니다.

실제로 맞춤법이나 띄어쓰기를 많이 틀리는 학생은 거의 없습니다. 호응이 전혀 안 되는 문장으로 가득한 글을 쓰는 학생도 거의 없습니다. 단락의 일관성과 글의 통일성을 모르는 학생도 거의 없습니다. 초등학교 때부터 국어 수업을 받았고, 그 동안 알게 모르게 수많은 활자 매체에 접하면서 살았기 때문에 부족한 부분만 보충하면 글쓰기를 충분히 잘할 수 있습니다.

무게는 가장 가볍지만,
내용이 알차서 가장 무거운 책이 되기를 바랍니다.

이 책은 학생들에게 부족한 부분만 압축하고 정리하여, 학생 혼자서도 보충할 수 있도록 만들었습니다. 그래서 가벼워 보일지 모르지만, 꼭 필요한 부분만 넣었기 때문에 내용이 알차서 가장 무거운 논술 책이 되기를 바라는 마음으로 만들었습니다.

자신감을 잃지 말고, 천천히 읽으면서 예문을 원고지에 옮겨 써 나가다 보면 잘 쓰게 될 것입니다. 여러분은 많이 모른다고 생각하지만, 이미 많이 알고 있는데도 불구하고 단지 정리가 되지 않았기 때문에 그렇게 느끼는 것뿐입니다. 여러분은 곧 논술을 잘 쓰게 될 것입니다.

2006년 11월

이동민

지피지기 논술 10계명

1. 나는 논술을 잘 모른다. 그러니 노력해야 한다.

2. 한 문장은 세 줄 이상 넘지 않도록 한다.

3. 사회 · 문화, 윤리 교과서를 자주 읽는다.

4. 쓴 글을 다시 읽을 때 주어와 목적어, 서술어의 호응을 확인한다.

5. 문장들이 의미상 서로 매끄럽게 연결되는지 확인한다.

6. 서론에서 문제점을 분명하게 제시한다.

7. 본론에서는 예시, 비교, 대조, 인용, 인과관계, 부연, 상술과 같은 진술 방법을 한 번씩은 사용해 본다.

8. 결론에서 주장을 구체적으로 당당하게 제시한다.

9. 통계 수치와 명언을 인용하고, 비유는 자제한다.

10. 대학 기출 문제를 이용해서 1,500자 길이로 다섯 편 이상 쓴다.

1장 만점논술 공략 1단계

어휘를
정복하라!

띄어쓰기, 뛰어 쓰기?

아버지가방에 들어가신다?

아버지가 방에 들어가시나요? 아니면 아버지 가방 안에 들어가시나요?

띄어쓰기는 의미를 명확하게 전달하기 위해 꼭 필요한 장치 중 하나입니다. 어렵죠? 물론 어렵습니다.

하지만 논술에서 아주 많은 띄어쓰기를 알아야만 하는 것도 아닙니다. 이것 한 가지만 기억하면 그리 어렵지 않습니다.

체언 뒤는 붙이고, 관형사형 전성어미 뒤는 띈다.

자주 쓰면서 틀리기 쉬운 띄어쓰기만 주의해서 익혀 보세요.

1. 도덕적 해이(解弛) 뿐만 아니라 윤리적 근본의 흔들림까지 온다.

2. 우리의 위치가 학생인만큼 그에 맞는 의식과 행동이 필요하다.

3. 정치가는 자신이 말한 약속 대로 행동해야 한다.

4. 인간은 자신의 경험·사고들을 활용하여 생활해 나간다.

5. 일 세대를 거쳐 이 세대에 이르는 동안 많은 의식의 변화가 있었다.

6. 아파트 한 채의 가격이 서민들은 엄두도 내지 못할 정도다.

7. 우리의 미래는 어두워질 것이다.

8. 할수록 어려운 것이 현실이다.

일반적으로 체언 뒤에 오면 붙여 쓰고, '-ㄴ, -ㄹ, -은, -는, -를'이 앞에 오면 띄어 씁니다.

1. 해이(解弛) 뿐만 → 해이(解弛)뿐만

'뿐'이 의존명사로 사용되면 용언 뒤에 쓰여 '다만 어떠하거나 어찌할 따름'의 뜻을 나타내는 말로 쓰입니다.

例) 들었을 뿐만 아니라 직접 보았다.

'뿐'이 체언 뒤에 붙으면 '그것만이고 더는 없다'는 뜻을 나타내는 보조 사가 됩니다.

例) 친구에게뿐만 아니라 후배에게도 인기가 있다.

2. 학생인만큼 → 학생인 만큼

먹는 만큼(의존명사), 나만큼(조사), 학생인 만큼(의존명사)

'-ㄴ, -ㄹ, -은, -는, -을' 등은 관형사형 전성어미입니다. 즉 형용사나 동사의 어간과 결합하여 관형어를 만들어 줍니다.

例) 예쁘다(형)+'ㄴ' → 예쁘+'ㄴ'+꽃 → 예쁜 꽃

3. 약속 대로 → 약속대로

주는 대로(의존명사), 너대로(조사)

例) 잡다(동)+ '을' +게 → 잡을+게 → 잡을게

4. 경험 · 사고들을 → 경험 · 사고 들을

'들' 이 의존명사로 사용되면 두 개 이상의 사물을 벌여 말할 때 맨 끝에 쓰여서, 그 여러 사물을 모두 가리키거나 또 그 밖에 같은 종류의 사물이 더 있음을 뜻하는 말이 됩니다.

例) 전차 · 버스 · 택시 들

'들' , '등' 이 부사어나 어미 뒤에 붙으면 그 문장의 주어가 복수임을 나타 내는 접미사가 됩니다.

例) 벌써 다들 떠났다.

5. 일 세대, 이 세대 → 일세대, 이세대

합성어는 붙여 씁니다. '일' 과 '세대' 는 각각 자립형태소이기 때문에 '일 세대' 는 합성어가 됩니다. 합성어는 하나의 단어이기 때문에 붙여 씁니다.

例) 큰집, 큰아버지, 작은형

6. 한채 → 한 채

수관형사는 띄어 씁니다. 수관형사는 수를 나타내면서 체언 앞에서 꾸미 는 기능을 하기 때문에 띄어 써야 합니다.

7. 어두워 질 → 어두워질

보조용언 '지다' 는 붙여 씁니다.

8. 할 수록 → 할수록

용언 어간에 붙어 어미처럼 굳어버린 단어는 붙여 씁니다.

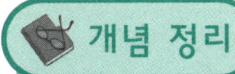

1. 띄어쓰기에 대한 개념을 정리하기 전에 품사에 대해서 알아 두어야 합니다. 그래야 이해하기가 쉽답니다.

2. 품사란 우리가 쓰는 단어를 역할, 생긴 모습, 가지고 있는 뜻에 따라 나눈 갈래를 말합니다. 현재 우리나라의 학교 문법에서는 아홉 가지로 분류합니다.

3. 9품사를 쉽게 설명한 다음 그림을 보고 전체적인 것을 이해한 후에, 좀 더 자세히 설명한 부분을 보세요.

그림으로 보는 품사

관형사

수식

명사, 대명사, 수사

조사

수식

형용

음…
(감탄사)

부사

수식

동사

• 관형사 : 관형사의 '관' 자는 '갓 관' 자입니다. 모자를 쓰는 이유는 얼굴을 돋보이게 하기 위함입니다. 따라서 관형사는 얼굴(명사, 대명사, 수사)을 꾸며주는 기능을 합니다.

• 명사 : 얼굴을 보면 그 사람의 이름을 알 수 있죠? 사람이나 사물의 이름을 나타내는 것을 명사라고 합니다.

• 대명사 : 대명사는 이름을 명사 대신 가리키는 품사를 말합니다.

• 수사 : 수사는 명사와 대명사를 수로 세는 품사입니다.

• 조사 : 목이 잘리면 죽죠? 조사는 항상 체언에 붙여서 씁니다.

• 동사 : 다리는 움직이죠? 움직임을 나타내는 품사를 동사라고 합니다.

• 형용사 : 손으로 만지면 성질과 상태를 알 수 있죠? 이를 나타내는 것을 형용사라고 합니다.

• 부사 : 사과 부사를 먹으면 뱃속으로 들어갑니다. 그리고 몸통에는 팔과 다리가 붙어 있죠? 즉, 부사는 동사와 형용사를 꾸며주는 역할을 합니다.

• 감탄사 : 외마디 소리나 사람의 이름을 부르는 품사를 감탄사라고 합니다.

• 관형사 : 명사, 대명사, 수사 앞에 붙어서 이 말들을 꾸며줍니다('아름다운 사람, 모든 물건, 온갖 것'에서 '아름다운, 모든, 온갖').

• 명사 : 사람이나 사물의 이름을 나타내는 것입니다. 오직 하나밖에 없는 고유명사(철이, 영희, 삼국유사, 임진왜란 등)와 널리 쓰이는 보통명사(사람, 하늘, 책, 평화, 선생님, 해, 달 등), 홀로 쓰일 수 있는 자립명사(산, 들, 봄, 사슴 등)와 혼자서는 쓰일 수 없는 의존명사('일어설 수, 한 그루, 먹을 것'에서 '수, 그루, 것')로 나눌 수 있습니다.

• 대명사 : 사람이나 사물의 이름을 대신하거나 가리키는 것입니다. 사람을 가리키는 인칭대명사(나, 너, 자네, 우리, 그이 등), 방향을 가리키는 지시대명사(이, 그, 저, 이것, 그것, 저것 등)가 있습니다.

• 수사 : 수를 세는 말입니다(하나, 둘, 셋, 넷, 첫째, 둘째, 셋째 등).

• 조사 : 주로 명사, 대명사, 수사 뒤에 붙어서 일정한 역할을 하는 것으로, 혼자서는 쓰일 수 없습니다. 앞에 오는 말에 어떠한 자격을 주는 격조사(은, 는, 이, 가, 을, 를 등)와 일정한 의미를 더해 주는 보조사(은, 는, 도, 만,

까지, 마저, 조차, 부터 등)가 있습니다.

• 동사 : 사람이나 사물의 움직임을 나타내는 말입니다(먹다, 가다, 오다, 하다, 읽다 등).

• 형용사 : 사람이나 사물의 성질, 상태 등을 나타내는 말입니다(예쁘다, 슬프다, 즐겁다, 좋다 등).

• 부사 : 동사나 형용사 앞에 붙어서 그 뜻을 한정해 주는 것입니다(너무, 빨리, 무척, 이리, 못, 철썩철썩, 울긋불긋, 바로, 과연, 그러나 등).

• 감탄사 : 감동, 응답, 부름, 놀람 따위의 느낌을 나타내는 것으로 다른 단어에 의지하지 않고 쓰입니다(어머나, 어이, 예, 아니오 등).

이제는 품사들을 같은 성질을 가진 것들로 묶어 봅시다.

명사, 대명사, 수사는 몸통과 같이 중심이 되는 역할을 한다고 해서 체언이라고 합니다.

관형사, 부사는 주로 꾸며주고 한정하는 역할을 한다고 했지요. 그래서 수식언이라고 합니다.

동사와 형용사는 활용하는 말이기에 용언이라고 합니다. '활용'이란 '자다'라는 동사의 어미 '-다'가 '자고, 자니, 자서, 자며' 등으로 바뀌는 것을 말합니다. 그리고 '자-'라는 말은 변하지 않으면서 '자다'라는 말의 중심되는 뜻을 지니고 있기에 어간이라 부르고, 나머지 바뀌는, 즉 활용하는 부분(다, 고, 니, 서, 며)을 어미라고 합니다.

한 가지 더! '나는 잠을 자고 싶다'에서 보면 용언이 '자고'와 '싶다' 두 개입니다. 이때 '자고'와 같이 중심이 되는 역할을 하는 것을 본용언, '싶다'와 같이 보충하는 역할을 하는 것을 보조용언이라고 합니다.

조사는 앞말에 붙어서 일정한 기능과 역할을 합니다. 다시 말해서 앞말과 관계를 맺어야 하기에 관계언이라 합니다.

감탄사는 다른 어떤 말에도 관계됨이 없이 홀로 쓰이므로 독립어라고 합니다.

어려운 내용이지요? 그렇지만 이것은 품사에 관한 기본적인 내용으로서 이런 내용을 알지 못하면 논술이 더 어려워질 것입니다. 그러니 꼭 기억해 두세요.

　띄어 쓰기원칙 : 조사를 제외한 모든 품사는 띄어 쓴다.

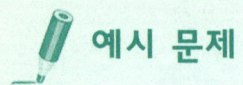 **예시 문제**

※ 다음 문장을 띄어쓰기해 보세요.

1. 반면에21세기의문화시대에는물질적풍요보다정신적풍요로움이더욱 중시될것이다.따라서사회발전과국가경쟁력의원동력이되는문화적자원을 발굴하고육성하여문화대국(文化大國)을만들어야할것이다.문화적정체성 (正體性)을확립하지못한국가는그흡인력이강한국가에예속되어문화식민지 로전락한다는것은널리알려진사실이다.

2. 통일한국이문화시대에지녀야할생존전략은"가장한국적인것이가장세 계적인것이다."라는인식하에우리문화의독자성과자주성을지키는일이다. 통일한국을선진문화국가로발전시키려면전통문화를창조적으로계승하여 정신적으로민족의자존과긍지를간직해야한다.그리고이질화된민족문화의 동질성을회복하며,민족성원들에게외래문화를주체적으로수용할수있는능 력을배양시켜야할것이다.

3. 이제까지알아본통일국가의미래상은세계사나민족사적인측면에서우

리가 지향해야 할 바람직한 이상향(理想鄕)이라고 할 수 있다. 이러한 요소를 근거로 하여 남북한은 통일정책의 현황을 분석하고 대응책도 마련해야 한다. 바람직한 통일 한국의 미래상은 남북한 민족 성원들의 자긍심을 길러주고, 통일을 위한 구체적인 행동목표를 설정하는 데에도 도움을 줄 것이다.

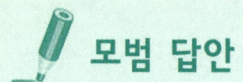 모범 답안

1. 반면에 21세기의 문화 시대에는 물질적 풍요보다 정신적 풍요로움이 더욱 중시될 것이다. 따라서 사회 발전과 국가 경쟁력의 원동력이 되는 문화적 자원을 발굴하고 육성하여 문화대국(文化大國)을 만들어야 할 것이다. 문화적 정체성(正體性)을 확립하지 못한 국가는 그 흡인력이 강한 국가에 예속되어 문화 식민지로 전락한다는 것은 널리 알려진 사실이다.

2. 통일 한국이 문화 시대에 지녀야 할 생존 전략은 "가장 한국적인 것이 가장 세계적인 것이다."라는 인식 하에 우리 문화의 독자성과 자주성을 지키는 일이다. 통일 한국을 선진 문화 국가로 발전시키려면 전통 문화를 창조적으로 계승하여 정신적으로 민족의 자존과 긍지를 간직해야 한다. 그리고 이질화된 민족 문화의 동질성을 회복하며, 민족 성원들에게 외래 문화를 주체적으로 수용할 수 있는 능력을 배양시켜야 할 것이다.

3. 이제까지 알아본 통일 국가의 미래상은 세계사나 민족사적인 측면에서 우리가 지향해야 할 바람직한 이상향(理想鄉)이라고 할 수 있다. 이러한 요소를 근거로 하여 남북한은 통일 정책의 현황을 분석하고 대응책도 마련

해야 한다. 바람직한 통일 한국의 미래상은 남북한 민족 성원들의 자긍심을 길러 주고, 통일을 위한 구체적인 행동 목표를 설정하는 데에도 도움을 줄 것이다.

올바른 어휘란?

다음에 나오는 글을 읽어 보고 잘못된 곳을 찾아볼까요?

정의에 대해 자각(自覺)을 심어 주고자 한다.

돈을 잃은 것은 적게 잃는 것이요, 더우기 명예를 잃은 것은 많이 잃는 것이요, 더더우기 건강을 잃은 것은 모든 것을 잃는 것이다.

아무 생각 없이 보면 특별히 잘못된 곳이 없어 보이지만 곰곰이 생각해 보세요. '자각'을 어떻게 심을 수 있는지, 그리고 '더우기'라는 말은 제대로 사용하고 있는 걸까요?

'자각'은 '스스로 깨달아서 안다'라는 뜻을 가지고 있습니다. 그러니까 스스로 해야 되는 것을 심어 준다는 것은 잘못된 말이죠.

'더우기' 라는 말은 발음이고, '더욱이' 라고 쓰는 것이 올바른 표현입니다.

이렇듯 글의 흐름에 맞고 문법적으로도 적절한 단어를 찾아 쓰는 것은 기본이며 중요한 일입니다.

잘 못 쓴 글

　현 상황에서 보다 근본적인 문제점은 개개인의 의식이다. 어릴 적부터 교육을 통해 내면화된 민족주의, 전체주의는 개인의 권리에 대해 둔감하게 만들었다. 예를 들어, 두발 자유화로 인해 신체의 자유를 침해당하는 학생들에게 어쩔 수 없다며 순응하기를 강조하는 세대를 보면 알 수 있다. 자신들도 이미 겪어 온 일이고 학교 이미지를 위해서도 좋다고 말하는 그들의 주장에서 뿌리 깊게 내린 전체주의 의식을 실감할 수 있다. 이렇게 사회화를 통해 전체주의 의식이 내면화된 일부가 후에 사회에 나아가 법 제정에 참여하는 위치에 서게 되면 어떠한 법이 나올지 뻔하다.

첨삭지도

좋은 글은 어렵게 쓰는 것이 아닙니다. 쉽고 간결하면서도 의미가 분명하게 드러나면 좋은 글이라고 할 수 있습니다.

이 글의 가장 큰 문제점은 문장성분들이 서로 호응하지 않고, 필수성분이 빠진 비문이라는 점입니다. 문장이 길고, 어렵게 쓰다 보면 흔히 이런 실수를 할 수 있습니다.

'현 상황에서 보다 근본적인 문제점은 개개인의 의식이다.' 에서 '보다'를 부사어로 쓰는 것은 문제가 있습니다.

물론 일부 사전에서는 '보다'를 부사어로 설명하고 있지만, 우리 언어의 현실에서는 비교격 조사로 쓰는 것이 적절합니다. 즉, '보다'를 쓰기 위해서는 그 앞에 비교하려는 대상이 있어야 합니다(예를 들어 '철수보다, 작년보다' 등). 이런 경우는 '좀 더, 더욱, 더'라는 말을 쓰는 것이 좋습니다.

'……개인의 권리에 대해 둔감하게 만들었다.' 에서는 '만들었다'의 목적어가 없습니다. 다시 말해서, '-을' 둔감하게 만들었는지 나와 있어야 합니다. '……개인의 권리에 대한 생각을 둔감하게 만들었다.' 로 고치면 올바른 문장이 됩니다.

　꼭 필요한 문장 성분을 빠뜨리지 않는 것은 매우 중요합니다.

　'……법이 나올지 뻔하다.' 라는 부분을 볼까요? 여러분들도 뭔가 어색하다는 것을 느끼셨나요? 그렇습니다. '-이 뻔하다' 라는 어휘는 매우 감정적입니다. 논리적이고 이성적이어야 할 글이 주관적으로 흘러가서는 안 되겠지요. 이 부분은 '……법이 나올지 쉽게 예상할 수 있다.' 로 고치는 것이 좋습니다.

중간 정도 쓴 글

　빠른 기계화를 통해 자본가들은 물건을 생산해 내고, 많은 이익을 취할 수 있었다. 자본가들은 이익을 얻기 위해 다른 소비상품들을 만들어내고, 대중매체를 통해 그 물건들을 광고한다. 사람들은 광고를 보고 많은 물건들을 맹목적으로 소비한다. 물론, 대중문화가 발달함에 따라 고급문화가 대중화되어 문화의 일반화를 이끌어 내었다는 점은 긍정적으로 평가해야 할 부분이다. 하지만, 대중문화가 대중소비문화로 불려지는 이유도 한번 생각해 보아야 할 문제이다.

첨삭지도

이 단락은 앞에서 나온 단락보다는 어휘의 사용과 문법적 규칙이 좀 더 적절하게 지켜지고 있습니다. 하지만 완벽한 문장이 되기 위해서 몇 가지 짚고 넘어가 볼까요?

'얻기위해' 가 틀린 이유는 띄어쓰기가 잘못되었기 때문입니다. '얻기 위해' 로 써야 합니다. 우리말 각 단어는 띄어 씀을 원칙으로 하면서 조사는 붙여 쓴다는 기본 원칙에 충실해야 합니다.

마지막 문장에서는 쓸데없이 사용된 이중 피동 표현, 즉 '불려지는' 이 문제가 됩니다. '그렇게 되어지는 현상에서 우리가 생각할 점은……' 을 읽어 보면 여러분도 어색함을 느낄 것입니다. '되어지는' 이라는 이중 피동 표현 때문입니다. 따라서 '불려지는' 을 '불리는' 으로 바꾸는 것이 적절합니다.

흔히 실수하는 어휘들

• 중복

例) 지나친 과잉, 진압

→ '과잉'은 '지나치다'는 뜻의 한문으로 같은 의미가 두 번 반복되었습니다.

• 애매한 표현

例) 아버지의 그림

→ '아버지를 그린 그림'이나 '아버지가 소장하신 그림'으로 바꿉니다.

• 부적절한 시제

例) 인간은 사회적 동물이었다.

• 영어식 표현

例) 공부는 아무리 열심히 해도 지나치지 않다.

• 호응

例) 그 배와 선장은 침몰했다.

• 이중 피동 표현

例) 집중이 잘 되어지면 성적도 오른다.

잘 쓴 글

제시문은 현대 문화의 속성을 분석하고 있는데 공통적으로 문제 삼는 현대 문화가 지닌 속성은 '가벼움'과 '빠른 변화'다. 현대 사회는 무거움과 신중함보다는 가볍게 접하고 가볍게 버리는 것을 선호한다. 왜냐하면 '가벼움'은 머리 아프게 생각할 필요 없이 '가벼움'을 느낀 그 순간을 재밌게 해주기 때문이다. 또한 '빠른 변화' 역시 현대 사회의 공통적 속성이다. 현대 사회는 '자본'보다 '지식'이 중요하다. '지식'은 남들이 모르는 것을 먼저 밝혀내는데 촛점이 있다. 그러므로 지식을 중시하는 현대 사회는 '빠른 변화'라는 속성을 자연스럽게 가지게 된다.

첨삭지도

　글의 흐름이나 어휘의 사용이 훌륭한 글입니다. 그런데 아쉽게도 맞춤법
이 잘못된 곳이 있는데 함께 살펴볼까요?

　'촛점'은 '초점'으로 고쳐서 써야 합니다. 우리말에서 '한자어+한자어'
사이에는 사이시옷이 들어가지 않습니다. 예외적으로 '곳간, 찻간, 툇간, 횟
수, 숫자, 셋방'은 사이시옷을 씁니다.
　고유어와 고유어의 결합, 그리고 고유어와 한자어의 결합인 경우, 뒤 음절
이 된소리가 되거나 'ㄴ' 음이 첨가될 경우에만 '사이시옷'을 씁니다.
　例) 하굣길[하교낄], 시냇물[시낸물]

　'밝혀내는데'는 '밝혀내는 데'로 띄어 써야 합니다. '밝혀내는'은 관형
어이고 '데'는 의존명사이기 때문입니다.

적절한 어휘를 쓰기 위해서는 어휘력이 필요합니다. 어휘력은 사전을 통해 모르는 단어를 찾아가며 기를 수도 있지만, 가장 좋은 방법은 많이 읽는 것입니다. 여기에서는 대부분의 학생들이 실수하기 쉬운 부분만 짚어 보겠습니다.

1. 서술어는 주어, 목적어와 호응시켜 보았을 때 긍정적이거나 부정적인 단어로 나눌 수 있습니다.

例) 2002 월드컵을 통해서 우리도 할 수 있다는 자신감이 널리 창궐했다는 점은 단순한 경제적 손익계산으로만 판단할 수 없다.

→ '창궐' 이라는 말은 부정적인 의미이기 때문에 긍정적인 의미인 자신감과 호응시켜 쓸 수 없습니다.

2. 주어가 사람일 때와 사람이 아닐 때에 따라 서술어가 능동과 피동으로 나누어집니다.

例) 한국 경제는 급속도로 발전하여 수많은 사회 문제를 불러일으켰음에도 불구하고, 전반적인 생활수준이 향상되도록 했다.

→한국 경제는 사람이 아니기 때문에 향상되도록 할 수는 없습니다. 따라서 '생활수준이 향상되었다' 로 써야 바른 문장이 됩니다.

3. 주어와 목적어가 구체적인 사물인지 추상적인 개념인지에 따라 서술어가 달라집니다.

例) 단순 정신 노동에서 해방된 자유를 좀 더 인간적이고 생산적인 일에 써야 하는 문제가 있다. 사람들은 컴퓨터가 할 수 없는 일을 찾아 나서야 한다. 컴퓨터가 흉내 낼 수 없는 발산적 사고를 가지고 예술적 감상과 도덕적 통찰의 길을 느껴야 한다.

→사고는 추상적인 개념이기 때문에 '갖는다' 는 서술어와 호응이 될 수 없습니다. 물론 비유적 표현을 통해 창의성을 발휘할 수도 있지만 의도하지 않은 표현은 감점 대상일 뿐입니다.

또한 '도덕적 통찰의 길' 은 구체적 행동을 말하기 때문에 느낄 수 있는 대상이 아닙니다.

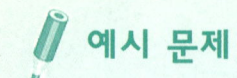 예시 문제

※ 다음 단어들을 이용하여 한 단락을 만들고 모범 답안을 원고지에 직접 써보세요.

1. 습관, 행동, 삶, 반성, 사람, 특권

2. 현대 사회, 개인, 사회, 이익 사회, 개인과 사회, 복지 증진에 기여, 문제점 제기

3. 배타적 민족주의, 국수주의, 외세 침입, 국제화, 수동적, 공존, 국제 규범, 타국인의 이익이나 입장

🖋️ 모범 답안

1. 우리는 평소 습관대로 행동하며, 자기의 행동이나 삶에 대하여 반성하지 않고 살아가는 경우가 많다. 그러나 어떤 충격을 받거나 조용한 시간이 생기면, 사람이 왜 살아가며, 사는 것에는 어떤 의미가 있는가에 대하여 생각해 보기도 한다. 우리는 그것에 대하여 분명하고 확실한 해답을 발견하지는 못하지만, 그러한 질문을 한다는 것은 하나의 특권이라고 할 수 있다. 왜냐하면 사람만이 그와 같은 질문을 할 수 있고, 그런 질문을 통해서 우리들의 삶을 더욱 의미 있게 만들 수 있기 때문이다.

2. 현대 사회는 개인이나 사회가 모두 적극적으로 자신들의 이익을 추구하는 이익 사회이다. 개인과 사회, 국가와 민족 간의 관계에서도 자기 자신의 실리(實利) 추구가 무엇보다 우선시되고 있다. 이처럼 경제적 실리를 추구하는 가치관은 과학 기술의 발전과 물질의 풍요 및 인간의 복지 증진에 상당한 기여를 한 것이 사실이다. 그러나 도덕성과 주체성의 상실, 한없는 탐욕과 갈등이라는 새로운 문제점이 제기되면서 현대인들은 인간성의 파괴나 상실의 위기에 놓여 있다. 또, 현대 사회에는 이기주의와 배금주의, 환경 오염과 자연 파괴, 그리고 인간 소외와 같은 사회적 병폐가 만연되어 윤

리와 도덕 규범이 경시되고 있다.

   3. 오늘날 우리 의식의 내면에는, 선진국을 동경하고 부러워하면서도 외국인을 무시하고 배척하려는 배타적 민족주의와 국수주의가 어느 정도 잠재해 있다. 그리고 우리의 역사가 외세의 침입으로 점철되어 있고, 선진 국가들의 압력에 의해서 우루과이 라운드 협상이 타결되고 그에 따른 국내 시장의 개방이 이루어졌기 때문에, 국제화란 우리에게 수동적인 개념으로 인식되어 왔다. 앞으로 세계화 시대를 맞이하여 우리는 세계인들과 공존하면서 평화롭게 살아가야 한다. 그렇게 하려면 국제 규범을 준수하고 국제 여론을 경청하며, 타국인의 이익이나 입장을 존중하고 이를 체득하고 실천하려고 노력해야 하겠다.

적절한 접속어의 사용

한국은 급격한 경제 성장을 이룩했다. 그러나 정치적 발전도 동시에 이루어졌으며, 그럼에도 불구하고 인권 신장까지 동반되어 전반적인 삶의 질 향상이 지속적으로 진행되고 있다. 하지만 문화 면에서도 비약적인 신장이 이루어지고 있다.

뭔가 이상하죠? 사용한 어휘나 문장의 의미는 별 문제가 없지만 문장과 문장을 연결해 주는 접속어를 잘못 썼기 때문에 문장 연결이 매끄럽지 않습니다. 결국, 의미 전달도 불분명해지게 된 것이죠.

접속어는 잘 쓰면 약이 되지만 잘못 쓰거나 너무 많이 쓰면 독이 된다는 것을 기억하세요.

잘못 쓴 글

　현 공교육에서도 입시 위주의 교육이 행해지고 있다. 사실상 수업이 제대로 진행되지도 못하고 있다. 수시의 비중이 커지면서 고등학교 수험생들의 학업분위기가 조성되지 않고 있다. 이론 암기와 5지 선다형의 시험만이 되풀이되고 있으며, 학생들 개인의 생각 표출이 이루어질 수 없는 교육이 행해지고 있다. 이런 단편적인 지식의 수동적 교육은 한계가 있어 새로운 교육이 필요하다.

첨삭지도

예시 글은 지시어, 접속어를 효율적으로 사용하지 못함으로써 문장과 문장이 매끄럽게 이어지지 못하고 있습니다.

'입시 위주의 교육이 행해지고 있다.' 고 얘기하고 바로 '수업이 제대로 진행되지도 못하고 있다.' 고 했습니다. 얼핏 보면 별 문제가 없는 것처럼 보이지만 두 문장은 서술어가 반대 의미이기 때문에 '그러나' 와 같은 역접 접속어가 들어가야 합니다.

수업이 제대로 진행되지 못하고 있는 이유로 수시 비중이 높기 때문이라고 했습니다. 따라서 '왜냐하면' 과 같은 접속어를 넣어서 인과관계로 묶으면 의미가 더욱 분명해집니다. 그리고 뒤에 이어서 '이론 암기' 와 '5지 선다형 시험' 을 첨가하고 있기 때문에 '또한' 을 넣으면 자연스러운 글이 완성됩니다.

접속어는 너무 많이 사용해도 안 좋지만 꼭 들어가야 할 때 넣지 않으면 그 자체가 어법에 맞지 않기 때문에 적절하게 쓸 수 있어야 합니다.

NO.

중간 정도 쓴 글

　세계화 시대는 무엇보다 개성과 다양성이 존중된다. 세계 여러 나라는 각각의 독특한 문화와 역사를 갖고 있다. 개방적인 사회에서 오직 나의 문화만 옳고 우수하다는 생각을 갖고 있다면 세계화 시대에 도태되고 말 것이다. 주관성을 버릴 수는 없지만, 그 안에서 최대한의 객관성을 추구해야 한다. 또한 각 나라의 문화를 나의 관점에서 해석하고 평가하는 일이 없어야 한다. 각 문화와 역사를 그 시대의 맥락에서 파악하고 존중하는 태도가 필요하다.

첨삭지도

이 글은 '또한' 이라는 접속어를 사용함으로써 첨가되는 문장을 적절하게 연결했습니다. 그러나 꼭 들어가야 하는 곳에 접속사가 들어가지 않은 곳이 있네요. 한번 살펴볼까요?

'세계 여러 나라는 각각의 독특한 문화와 역사를 갖고 있다.' 는 문장과 '개방적인 사회에서 오직 나의 문화만 옳고 우수하다는 생각을 갖고 있다면 세계화 시대에 도태되고 말 것이다.' 는 문장 사이에 적절한 접속사를 넣어 주어야 글이 자연스러워집니다. '독특한 문화가 있지만 그것만을 고집해서는 안 된다.' 는 문장이기 때문에 '그러나' 와 같은 접속어를 넣으면 문맥이 매끄러워집니다.

'주관성을 버릴 수는 없지만, 그 안에서 최대한의 객관성을 추구해야 한다.' 는 문장이 앞 문장과 매끄럽게 연결되려면 '따라서' 와 같은 접속어가 필요합니다.

모든 문장을 연결하기 위해 접속어가 필요하지는 않습니다. 하지만 접속어는 논술 채점관이 글을 쉽게 읽을 수 있도록 도와주며, 결과적으로는 높은 점수를 받을 수 있는 방법입니다.

잘 쓴 글

　물론 학교는 학생들이 살아가면서 기본적으로 알아야 할 지식들을 가르치는 곳이다. 하지만 지식보다 더 큰 목적은 사회생활에 필요한 인격을 형성하는 일이다. 학생들은 학교에서 또래 친구, 선생님, 선·후배를 만나면서 사람을 대하는 법을 배우고, 그 안에서 성장한다. 그런데 인격 형성보다 지식 습득에 더 치중한 나머지 학교의 목적 중의 하나가 무시되고 있다. 어린 학생들 사이에서도 친구를 경쟁자로 생각하는 현상이 빚어지고 있다.

첨삭지도

이 글은 접속어를 적절하게 활용했습니다.

'하지만', '그런데' 이 두 개의 접속어로 인해 문장들의 의미가 분명하게
드러나고 있습니다.

개념 정리

유형	내 용
순접	앞뒤 문장이 자연스럽게 이어집니다. → 그래서, 그리고 등. 例) 한국은 급속한 경제 성장을 이룩했다. 그리고 정치적 발전도 동시에 이루어지고 있다.
역접	뒷문장과 앞문장이 반대 내용으로 이어집니다. → 그러나, 하지만 등. 例) 우리나라가 선진국으로 발돋움하려는 지금, 대외 통상 정책은 그 어느 때보다 중요하다. 그러나 우리나라의 통상 정책은 통일성이 결여되었다.
전환	뒷문장이 앞문장과 다른 내용으로 바뀝니다. → 그런데, 한편 등. 例) 그것이 과학이냐 신학이냐 문학이냐 하는 것은 그러한 결론을 이끌어 내는 과정에 따라서 결정된다고 할 수 있다. 그런데 여기서 주의할 것은 일반적으로 받아들여지는 과학의 방법이 시대에 따라 변화한다는 점이다.
병렬	앞뒤 문장이 대등한 관계로 연결됩니다. → 그리고, 곧, 즉, 혹은 등. 例) 이러한 시대적 상황을 배경으로 한 산업 사회는 인간 해방의 가능성과 인간 조정의 가능성을 동시에 보여준다. 즉 과학과 기술의 발달은 인간에게 물질로부터의 자유를 가져다주지만, 그것이 인간 조정에 이용된다면 완벽한 지배가 이루어질 수 있다.
첨가	뒷문장이 앞문장에 덧붙여 이어집니다. → 그리고, 게다가, 뿐만 아니라 등. 例) 과학 기술이 발전하면서 이루어진 급격한 경제 성장 과정에서 인간 사회에는 상대적 빈곤이 증가했다. 뿐만 아니라, 물질적으로 풍요로워지면서 물질만능주의가 나타나고, 이와 더불어 인간 소외 현상이 나타나고 있다.
인과	앞뒤 문장이 원인과 결과(주장)로 이어집니다. → 그러므로, 따라서 등. 例) 집단의 이기적 속성은 집단이 어떤 인격체가 아니라 공동의 이익을 추구하는 합리적 구조체라는 데에 기인하는 집단의 본질적 특성에 관한 것이다. 따라서 도덕적 개인으로 이루어진 그 집단이 비도덕적일 가능성은 언제든지 있다.

 예시 문제

※ 다음 괄호 안에 문장의 의미가 자연스럽게 연결될 수 있도록 접속어를 넣어 보세요. 그리고 원고지에 직접 써 보세요.

현대 사회는 급속한 변화를 특징으로 한다. 이렇게 볼 때 미래 사회는 지금과는 그 모습이 훨씬 다른 사회가 될 것이다. 미래 사회는 과학 기술과 산업의 발달로 인하여 생활의 편리함과 풍요로움을 한껏 누리는 사회가 될 것이다.

이러한 미래 사회에서는 주거 및 생활 환경이 개선되어 모든 사람들이 물질적 풍요를 누리면서 편리한 문화 생활을 향유하게 될 것이다. (   ) 컴퓨터의 보급 및 통신 기술의 발달로 평균 근로 시간이 감소하고 여가 시간이 증가하여 매우 즐거운 생활을 누리게 될 것이다. 의학 기술의 발달로 인간은 질병에 대한 위협에서도 벗어나게 될 것이다.

(   ) 미래 사회는 인간에게 행복만을 가져다주지는 않을 것이다. 산업화로 인하여 환경의 황폐화와 인간성의 상실을 초래할 수도 있다.

(   ) 대량 생산, 대량 소비, 도시화, 규격화의 결과로 모든 것이 획일화되고, 이것이 심화되면 사람들은 개성을 상실할지 모른다.

이러한 부정적인 측면을 극복할 수 있는 방안으로 우선 인간의 존엄성과 도덕성 회복을 들 수 있다. 경제적인 측면과 함께 정신적인 측면이 조화되지 않는다면 우리 사회는 조종력을 상실한 배와 같이 파국을 가져올 수도 있기 때문이다. (　　　) 환경 오염을 방지하기 위한 여러 가지 대책 마련이 필요하다. 쓰레기 줄이기, 재활용 운동은 그런 의미에서 더욱 확산되어야 한다.

인간은 더 나은 사회를 건설하고 더 행복한 삶을 누리고자 노력한다. 우리가 이룩해야 할 미래 사회도 그러한 사회가 아니면 안 된다. 우리는 다가올 미래 사회에 바르게 대처할 수 있는 자세를 잃지 말아야 한다.

　현대 사회는 급속한 변화를 특징으로 한다. 이렇게 볼 때 미래 사회는 지금과는 그 모습이 훨씬 다른 사회가 될 것이다. 미래 사회는 과학 기술과 산업의 발달로 인하여 생활의 편리함과 풍요로움을 한껏 누리는 사회가 될 것이다.

　이러한 미래 사회에서는 주거 및 생활 환경이 개선되어 모든 사람들이 물질적 풍요를 누리면서 편리한 문화 생활을 향유하게 될 것이다. (또한) 컴퓨터의 보급 및 통신 기술의 발달로 평균 근로 시간이 감소하고 여가 시간이 증가하여 매우 즐거운 생활을 누리게 될 것이다. 의학 기술의 발달로 인간은 질병에 대한 위협에서도 벗어나게 될 것이다.

　(그러나) 미래 사회는 인간에게 행복만을 가져다주지는 않을 것이다. 산업화로 인하여 환경의 황폐화와 인간성의 상실을 초래할 수도 있다. (그리고) 대량 생산, 대량 소비, 도시화, 규격화의 결과로 모든 것이 획일화되고, 이것이 심화되면 사람들은 개성을 상실할지 모른다.

　이러한 부정적인 측면을 극복할 수 있는 방안으로 우선 인간의 존엄성과 도덕성 회복을 들 수 있다. 경제적인 측면과 함께 정신적인 측면이 조화되지 않는다면 우리 사회는 조종력을 상실한 배와 같이 파국을 가져올 수도 있기 때문이다. (**또한**) 환경 오염을 방지하기 위한 여러 가지 대책 마련이 필요하다. 쓰레기 줄이기, 재활용 운동은 그런 의미에서 더욱 확산되어야 한다.

인간은 더 나은 사회를 건설하고 더 행복한 삶을 누리고자 노력한다. 우리가 이룩해야 할 미래 사회도 그러한 사회가 아니면 안 된다. 우리는 다가올 미래 사회에 바르게 대처할 수 있는 자세를 잃지 말아야 한다.

맞춤법은 어렵다?

'국토를 개발하다' 인가, 아니면 '국토를 계발하다' 인가?

'수량을 늘리다' 인가, 아니면 '수량을 늘이다' 인가?

'절약하므로 성공했다' 인가, 아니면 '절약함으로 성공했다' 인가?

'교사로서의 책임감' 인가, 아니면 '교사로써의 책임감' 인가?

'한국 정치는 일본의 정치와 다르다' 인가, 아니면 '한국 정치는 일본의 정치와 틀리다' 인가?

맞춤법은 어렵습니다. 하지만 실제 논술에서 맞춤법에 맞지 않게 쓰는 경우는 그다지 많지 않습니다. 이 책에서 강조하는 것만 정확하게 알고 있으면 논술을 잘 쓸 수 있습니다.

아! 물론, 많이 알면 좋습니다.

논술에서 자주 틀리는 맞춤법

1. 도서 목록을 (갱신 / 경신) 하다.
   한국 신기록을 (갱신 / 경신) 하다.

2. 창의성이 (개발 / 계발) 되다.
   첨단 산업의 (개발 / 계발)

3. 생각이 서로 (다르다 / 틀리다).
   계산 결과가 (다르다 / 틀리다).

4. 독선적 태도를 (지양 / 지향) 함.
   상위권을 (지양 / 지향) 한다.

5. 재산 (피해 / 폐해)
   과거 제도의 (피해 / 폐해)

6. 그 일의 책임은 정부 (에 / 에게) 있다.

　 친구 (에 / 에게) 편지를 썼다.

7. 교사 (로서 / 로써) 본분을 다해야 한다.

　 긴축 경제 (로서 / 로써) 과소비를 해결해야 한다.

8. 인생을 전쟁 (과 / 에) 비유하는 데는 무리가 있다.

9. 국민들이 정치권을 (믿으므로 / 믿음으로) 정국 안정이 가능했다.

　 정치권을 믿게 (하므로써 / 함으로써) 정국 안정을 꾀했다.

첨삭지도

1. 갱신 / 경신

도서 목록을 갱신하다.

한국 신기록을 경신하다.

갱신하다 : 다시 새로워지다.

경신하다 : 고쳐 새롭게 하다.

2. 계발 / 개발

창의성이 계발되다.

첨단 산업의 개발

계발 : 지능을 깨우쳐 열어 주다.

개발 : 잠재된 능력을 살려 발달하게 하다.

3. 다르다 / 틀리다

생각이 서로 다르다.

계산 결과가 틀리다.

다르다 : 같지 않다.

틀리다 : 어긋나거나 맞지 않다.

4. 지양 / 지향

독선적 태도를 지양함.

상위권을 지향한다.

지양 : 더 높은 단계로 오르기 위해 어떠한 것을 하지 않다.

지향 : 일정한 목표를 정하여 나아가다.

5. 피해 / 폐해

재산 피해

과거 제도의 폐해

피해 : 신체, 재물, 정신상의 손해를 입히는 일, 또는 손해.

폐해 : 폐단과 손해.

6. 에 / 에게

그 일의 책임은 정부에 있다.

친구에게 편지를 썼다.

에 : 무정명사 뒤에 사용한다.

에게 : 유정명사 뒤에 사용 한다.

7. 로서 / 로써

교사로서 본분을 다해야 한다.

긴축 경제로써 과소비를 해결해야 한다.

로서 : 신분, 자격을 나타낸다.

로써 : 수단이나 방법을 나타낸다.

8. ~과 비교하다 / ~에 비유하다

인생을 전쟁에 비유하는 데는 무리가 있다.

A와 B를 비교하다/ A를 B에 비유하다

9. -(으)므로 / -(-ㅁ, -음)으로(써)

국민들이 정치권을 믿으므로 정국 안정이 가능했다.

정치권을 믿게 함으로써 정국 안정을 꾀했다.

-(으)므로 : 이유

-(-ㅁ, -음)으로(써) : 방법

명작을 읽으면 논술이 보인다

생텍쥐 페리의 '어린 왕자'

"영원한 순수성의 상징, 어린 왕자. 별세계에서 온 어른들을 위한 아름다운 동화."
생텍쥐페리의 『어린 왕자』는 어린 왕자라는 맑고 깨끗한 어린이의 눈을 통해 잊혀졌던 진실들을 일깨워주고 있다. 가장 중요한 것은 눈으로는 볼 수 없고 마음으로 보아야 한다는 것, 길들인 것에 대하여 책임을 져야 한다는 것이 이 작품의 중심 내용이다. 『어린 왕자』를 통해 우리는 인간미 넘치는 휴머니즘을 발견할 것이다.

  어린 왕자가 어디서 왔는지 알기까지는 오랜 시간이 걸렸다. 어린 왕자는 내게 많은 것들을 묻곤 했지만 내가 묻는 말은 전혀 귀담아 듣지 않았다. 그래서 어린 왕자가 우연히 하는 한두 마디의 말을 통해 나는 그에 관해 알게 되었다. 예를 들면 어린 왕자가 내 비행기를 처음 보고—비행기를 그리지는 않겠다. 그리기에는 너무나 복잡하니까—, 물은 것들 말이다.

  "저 물건은 뭐야?"

  "저건 물건이 아니라 하늘을 나는 비행기야. 내가 타고 온 비행기지."

  나는 우쭐해하며 내가 하늘을 난다는 사실을 가르쳐 주었다. 그러자 어린 왕자가 소리쳤다.

  "저런! 아저씬 하늘에서 떨어졌구나!"

  "그래."

  나는 겸손하게 대답했다.

  "하! 그거 참 재미있는데!"

  그리고는 어린 왕자는 아주 천진난만하게 웃음을 터뜨렸고 나는 그 웃음소리에 무척 화가 났다. 나는 사람들이 나의 불행을 비웃는 것이 싫었다. 그런데 어린 왕자가 덧붙였다.

  "그럼, 아저씨도 하늘에서 왔구나! 아저씬 어느 별에서 왔어?"

  나는 어린 왕자의 신비한 정체를 밝힐 수 있는 한 줄기 섬광이 언뜻 스치는 것을 보았다. 그래서 곧바로 다그쳐 물었다.

  "그럼 넌 다른 행성에서 왔구나?"

2장 만점논술 공략 2단계

3단 논법의
구성을 갖춰라!

단계성이란?

이제는 열심히 공부해야지. 논술은 많이 읽고, 쓰고, 생각해야 한다. 어제 모의 논술 시험을 보았는데, 선생님께서 맞춤법, 띄어쓰기는 물론, 잘못된 문장이 너무 많다고 말씀하셨어. 사실, 논술은 일부 친구들만 공부하는 과목이라고 생각했었거든. 그 동안 게임과 텔레비전에 빠져서 책을 거의 읽지 않았어. 언젠가 어떤 단체에서 설문 조사를 했을 때, 책을 읽지 않는 이유에 대해 학교 공부 때문이라고 쓴 적이 있어. 하지만 그건 사실이 아니야. 어떤 책을 읽어야 할지도 잘 모르고, 집에 있는 책을 보려고 하면 머리만 지끈거렸거든. 일기도 제대로 써 본 적이 없어. 글씨를 잘 못 쓰니까 글쓰기가 싫거든. 키보드로는 엄청난 속도로 글을 쓸 수 있지만 말이야……

친구와 말을 할 때에도 사건의 순서에 따라서 말을 해야 듣는 사람이 쉽게 이해를 하게 됩니다.

즉, 글은 서론, 본론, 결론을 갖춰야 합니다.

먼저 무엇에 대해 말하고 어떤 문제점을 언급할지 서론에서 제시하고, 본론에서는 구체적으로 분석하여 쟁점을 부각시킨 다음, 결론에서 주장과 대책을 제시해야 설득력이 생깁니다. 이처럼 서론, 본론, 결론의 구성에 맞게 글을 쓰는 것을 '단계성' 이라고 합니다.

100점 논술, 서론 쓰기

서론만 잘 써도 반은 성공이다!

논술 채점관들이 한가롭게 글을 끝까지 읽어 줄 거라고 기대하지 않는 것이 좋습니다. 사람도 첫인상이 중요하듯이 글도 마찬가집니다. 서론에서 눈길을 끌지 못하면 그냥 쓰레기통 속으로 들어갈 수도 있습니다. 서론에서는 명확하게 결론(주장)을 정해야만 합니다.

어떻게 서론을 써야 하는지는 뒤의 개념 정리를 통해 익히도록 하고, 우선 서론에서 반드시 쓰지 말아야 할 표현이 있다는 것을 알아두세요.

첫째, 상투적인 표현은 쓰지 않는 것이 좋습니다.

'-에 대해 알아보자.', '-에 대해 지금부터 말하겠다.' 는 상투적인 표현 대신 '-은 심각한 사회 갈등을 유발하고 있다.' 로 대체하는 것이 좋습니다.

둘째, 무의미한 표현들은 내용을 애매하게 만듭니다.

'현대 사회는 급속도로 변화하고 있다.', '세계가 하나가 되고 있다.', '과학기술이 눈부시게 발전하고 있다.'는 표현 대신 '286이 펜티엄4로 바뀌는 데 불과 10여 년밖에 걸리지 않았다.'고 쓰면 구체적이고 분명한 표현이 됩니다.

서론에서 흔히 범하는 실수는 상투적인 표현과 추상적이고 애매한 표현입니다. 참신하고 구체적인 서론을 몇 가지만 익혀 둔다면 호감 있는 서론이 완성될 것입니다.

잘 못 쓴 글

　우리가　현재　살고　있는　사회를　'현대
사회'라고　부른다.　우리가　현대　사회를
계속해서　중세　사회로　부르지　않고　'현
대　사회'라고　부르는　것은　어떠한　이
유가　있다.　중세　사회에서　중요한　것은
'신'이었다.　그　시대에　개인의　중요성
이　없었다고　말할　수는　없지만,　그　시
대의　가치관과　제도는　개인보다　신을
우위에　놓았다.　이에　반해　현대　사회는
신보다　개인을　우위에　놓았다.　현대　사
회에서　종교가　일정한　기능을　하고　있
기는　하지만,　종교는　개인이　선택하는
하나의　취향에　지나지　않는다.　이렇게
신이　중심인　사회에서　개인이　중심이
된　현대　사회는　분명　중세　사회와는
다른　문화적　특성이　존재한다.

첨삭지도

이 글은 '신속화'에 대해 쓴 글입니다. 하지만 서론만 보면 무엇에 대해 이야기하고자 하는지 전혀 알 수 없습니다.

글을 쓸 때 비교나 대조를 하는 목적은 둘 중 하나를 강조하기 위해서인데, 현대 사회의 특징이 무엇인지 밝히지 않고 '중세 사회와는 다른 문화적 특성이 존재한다.'는 말밖에는 하지 않았습니다.

또한 이 글을 보면 글을 쓴 학생이 중세와 근대, 현대의 개념을 정확하게 이해하지 못하고 혼동하고 있다는 것을 알 수 있습니다. 또한 '개인주의'의 반대 개념은 '전체주의'이지 '신'이 아닙니다. 전반적으로 개념을 정확히 모르고 있는 상태에서 썼다는 것이 드러나는 글입니다.

내가 무엇에 대해 쓸 것이며, 그 논제가 어떤 점에서 논란이 되는지, 또는 왜 문제인지를 분명하게 밝혀야만 충실하고 좋은 서론이 될 수 있습니다.

다음 글은 신선한 비유로 문제점을 제기함으로써 짜임새 있는 서론이 되었습니다. 참고해 보세요.

현대 사회는 변화 방향을 예측할 수 없는 '럭비공'과 같다. 교통과 통신이 발달하지 않아 시간적·공간적 제약이 컸던 중세와는 달리 현대는 그러한 제약으로부터 자유로워져 '신속화'가 이루어졌다. 그러나 이러한 자유가 자본주의의 본질적 속성인 '이윤 추구'와 결합함으로써, 환경 파괴, 인간성 상실, 가치관의 혼란 등 다양한 문제가 동시에 쏟아져 나오고 있다. '신속화'는 이제 지나치게 빨라 멀미가 날 정도이다.

중간 정도 쓴 글

　길거리를　다니다　보면　비슷한　머리
모양을　하고,　옷을　입고,　신발을　신고
다니는　사람들을　흔히　볼　수　있다.　일
종의　유행을　타는　것들을　사람들이　따
라가기　때문에　쉽게　나타나는　현상이다.
　18세기　영국에서　산업혁명이　일어나서
거의　모든　일들이　기계화되어　소품종
대량생산　체제가　나타나게　되었다.　따라
서　특정　계층만　향유할　수　있었던　물
건들도　많은　사람들이　갖게　되었고,　그
에　따른　문화들도　공유하게　되었다.

이 글의 결론 → 대중문화의　문제점
은　소비의　맹목적　추구와　대중매체를
그대로　모방하는　주체성　상실에　있다.

첨삭지도

서론을 쓰는 방법은 여러 가지이지만, 일반적으로는 흥미 유발 → 논제 제시 → 문제 제기 → 방식 제시의 순서로 이루어집니다.

첫 문장은 유행 현상에 대해 세 줄을 썼습니다. 그리고 산업혁명으로 인해 물건과 문화가 일반화되고 대중화되었다는 이야기를 하고 있습니다.

이 학생은 기계화, 공업화에 따른 대량 생산으로 인해 유행이 나타날 수밖에 없다는 말을 하고 싶었던 거죠. 즉 유행이란 근본적으로 자본가들이 이윤을 극대화하기 위한 하나의 전략이라는 점을 강조하고자 했습니다.

그런데 논리적인 지식이 있는데도 불구하고 결론에서 주장하고자 하는 것과 전혀 연관성이 없는 내용이 되고 말았습니다.

서론은 항상 주제를 생각한 다음에 써야 합니다. 주장이란 서론에서 제기한 문제점에 대한 해결책이라고 생각하면 글이 다른 길로 빠져나가는 실수를 하지 않을 것입니다.

서론에서 주제와 연관성이 있는 문제를 제기하면 짜임새 있는 글이 될 수 있습니다.

다음 글은 주제와 연관성 있는 문제를 제기함으로써 짜임새 있는 서론이 되었습니다. 참고해 보세요.

이러한 유행은 소비자들의 주체적, 능동적 인식에 따라 이루어지기보다는 흔히 대중매체에 의해 조장되게 마련이다. 대중매체는 근본적으로 광고 수입을 통해 이윤을 극대화하기 때문에 광고주, 즉 생산자 입장에 설 수밖에 없다. 결국 다양한 대중매체는 직접적인 광고는 물론 드라마, 영화, 오락 프로그램 등을 이용하여 소비를 자극하기 위해 유행을 창출하는 데 전력하고 있다고 할 수 있다.

잘 쓴 글

　　'창의력 신장의 지름길! XX와 함께 하세요.' 요즘 흔히 볼 수 있는 학습지 광고 문구이다. 학습지를 펼쳐보면 오색찬란한 그림, 사진, 스티커 등이 가득하다. 그러나 한국 교육 현장에 창의적 사고를 중시하는 교육 형태가 등장한 것은 불과 몇 년 전이다. 아직도 우리 교육의 대부분은 획일적이고 일방적으로 이루어지고 있다. 또한 습득한 이론적 지식을 단편적으로 평가하고 있을 뿐이다. 창의적이며 체험적인 교육은 찾아보기 힘든 실정이다. 세계화의 짙은 어둠 속에서 창의성은 나침반과 같은 역할을 하기 때문에 우리 교육은 변화해야 할 필요가 있다.

첨삭지도

　이 글은 교육대학에 지원해서 합격한 학생이 쓴 글입니다. 한국 교육의 문제점이 무엇인지에 대한 평이한 질문입니다. 주제가 쉬우면 글쓰기도 쉽다? 물론, 그렇습니다. 하지만 누구나 잘 쓰지는 못합니다. 현재 한국 교육의 문제점이 무엇인지를 정확하게 밝혔고, 그러한 점에서 왜 문제가 심각한지, 문제 제기까지 적절하게 하였습니다.

　서론을 어렵게 생각하지 마세요.

　이 학생은 광고 문구를 인용함으로써 채점관의 관심을 유발하고, '창의적 사고가 획일적이고 일방적으로 이루어지고 있다.' 는 문제점을 분명하게 제시했습니다.
　또한 창의성이 필요한 근거를 제시함으로써 '변화' 의 당위성을 분명하게 밝혀내어 논의의 범위를 구체적으로 한정했습니다.
　이 순서를 잘 익혀서 활용하면 쉬우면서도 좋은 서론을 쓸 수 있습니다.

서론에서는 말하고자 하는 바, 즉 논제를 제시합니다. 그리고 본론에서 다루어야 하는 문제점을 알려 줍니다. 다음에 설명하는 서론 작성법은 논술 답안지에 꼭 한 번은 써야 한다고 생각하세요.

1. 상황, 실태, 정황, 실상을 제시하여 흥미를 유발합니다.

논의하고자 하는 문제점과 연관이 있는 최근 사건들을 제시함으로써 사회 현상에 깊은 관심이 있다는 것을 보여줄 수 있습니다. 또한 시사 문제에 통찰력이 있다는 것을 알려줍니다.

例) 최근에 우리 나라에서는 힘들고 어렵고 위험 부담이 있는 일을 기피하려는 현상이 점차 만연하고 있다. 노동하지 않고도 편하게 살 수 있는 방법을 찾거나 요행수를 바라고 투기 행각을 일삼는 사람들도 있다. 이러한 노동 기피 현상은 반사회적이고 바람직하지 못하다. 우리 선조들은 자신의 일에 긍지를 가지고 정성을 다하는 장인 정신(匠人精神)이나 청렴결백의 윤리 의식을 가진 청백리 정신(淸白吏精神)을 강조하고, 직업에서 근면성과 성실성이 중요함을 가르쳤다.

2. 개념을 정의하여 논제를 제시 합니다.

'정의'는 말하고자 하는 바를 명확하게 규정하고, 논의 범위를 한정하거나 축소합니다. 즉 논제를 제시합니다. 또한 의미나 뜻을 규명하기 때문에 무엇에 대해 쓰고자 하는지를 쉽게 알려주는 기능을 합니다.

例) 인간의 특성 중에서 대표적인 예(例)의 하나가 바로 '도구적(道具的) 존재'라는 점이다. 이는 인간만이 여러 가지 도구나 연장을 만들어 사용할 수 있는 존재라는 것이다. 간단하게는 괭이, 호미, 항아리 등에서부터 복잡하게는 기차, 기선, 라디오, 컴퓨터, 우주선에 이르기까지, 인간은 무수히 많은 도구를 만들고, 그것을 사용하여 여러 가지 일을 해내고 있다. 도구에는 여러 가지 사회 제도, 법률, 규정, 관습과 같은 무형의 것도 많이 있는데, 이러한 무형의 도구를 이용하여 인간은 사회생활을 원활하게 영위해 나갈 수 있게 되었다.

3. 적절한 인용은 글에 생기를 더해 줍니다.

전문가나 학자의 말을 인용함으로써 추상적이거나 난삽해질 수 있는 개념을 명쾌하게 정리할 수 있습니다. 또한 인용은 지적 수준을 보여줄 수 있는 효율적인 방법이기도 합니다. 우화를 인용할 경우에는 문제를 신선하게 고찰하는 시각을 보여줄 수도 있습니다.

例) 인간은 사회적 존재이므로 인간성은 인간들이 사회 속에서 생활하며 형성된다. 독일의 철학자 피히테(Fichte, J. G., 1762~1814)는 "인간은 인간 사이에서만 인간이다."라고 말하였다. 인간은 다른 사람들과 더불어 존재함으로써만 인간다울 수가 있고, 한자의 뜻도 바로 이러한 내용을 담고 있다. 우리가 "아무개는 인간성이 좋다."라고 말할 때의 인간성이란 바로 사회성을 뜻한다. 그러므로 인간의 사회화 과정이야말로 사람답게 사는 과정이라고 할 수 있으며, 인간은 결코 사회를 떠나서 살아갈 수 없는 것이다.

4. 비판하고자 하는 반대 의견을 제시함으로써 문제를 제기합니다.

결론에서 자신이 주장하고자 하는 바와 대립되는 전문가나 학자들의 주장, 또는 일반적 통념을 씀으로써 문제 제기를 명확하게 할 수 있습니다.

例) 자유 방임주의자들은 사람들이 모두 자신들의 욕망을 채우기 위하여 열심히 일하면 그것이 사회에도 유익한 결과를 가져온다고 주장했지만, 오늘날에는 그러한 주장이 옳지 않은 것으로 드러났다. 자신의 이익을 도모하되, 그것은 어디까지나 다른 사람이나 사회 전체에 손해를 끼치지 않는 범위 안에서 이루어져야 하는 것이다.

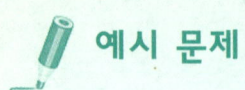
예시 문제

※ 이제는 여러분이 직접 서론을 써 보세요. 그리고 모범 답안에 있는 글을 원고지에 직접 써 보세요.

이화여자대학교 논술 모의시험 문제

【논제】

다음 (가), (나)의 지문을 읽고 사이버세계의 유용성에 관한 글쓴이의 입장을 정리한 후, 이에 대해 가능한 반론을 제시해 보시오.

(가) 인간은 새로운 우주론 덕택에 무지의 암흑에서 진리의 찬란한 빛으로 진보했다. 우주의 진정한 체계가 발견됨에 따라, 인간은 마침내 자신이 우주 내의 어느 곳에 서 있는지 알게 되었다. 태양이 지구를 대신하여 행성 체계의 중심에 들어선 것과 마찬가지로, 과학 역시 신학을 물리치고 인간의

지식체계의 중심을 차지했다. 이제 인간의 정신이 진정한 빛의 근원을 탐구하게 되면서, 진리를 향한 끝없는 도약이 미래를 가득 채울 것처럼 보였다.

그러나 현대 우주론의 엄청난 성과에도 불구하고, 서구는 철저한 물리주의의 길을 따라 내려오는 동안 이루 헤아릴 수 없을 만큼 중요한 것을 또한 잃어버렸다. 현대 우주론이 성공을 거두는 데 핵심적인 역할을 했던 공간의 동질화로 인해 영혼 또는 정신의 공간이 우리의 세계관에서 추방되어버린 것이다. 동질적인 공간은 오직 한 종류의 실재만을 수용할 수 있었다. 즉 과학적 세계관에서는 물질의 물리적 실재만이 존재했다. 중세 우주론에서 육체와 영혼은 공간이 비동질적이라는 믿음 때문에 공존할 수 있었다. 반면에 근대의 우주론자들은 지구 공간과 천체 공간의 중세적 구분을 폐기함으로써 실재를 고전적인 육체−영혼 이항체계의 절반으로 축소시켰다. 게다가 물질 공간이 무한으로까지 일단 확장되어버린 다음에는, 어떠한 형태로든 영혼 공간이 들어설 수 있는 자리는 전혀 남아 있지 않았다.

좀 더 적나라하게 말해서, 근대 우주론의 무한 공간에는 '영혼' 이니 '정신' 이니 하는 것들이 존재할 장소가 전혀 없었다. 중세의 우주에서 영혼의 장소는 항상 '너머' 였다. 중세에는 우주가 유한하다고 믿었으므로, 적어도 비유적으로라도 물질세계의 바깥에 영혼의 자리가 충분히 남아 있다고 상상할 수 있었다. 그러나 물질의 세계가 무한한데 영혼의 세계가 어떻게 가능하겠는가? 물질세계의 한계가 없어짐으로써 기독교적인 영혼의 세계는 우주로부터 삭제되었다. 이러한 삭제는 서구를 정신적 위기에 빠뜨렸으며, 우리는 그 여파 때문에 아직도 고통을 겪고 있다.

(나) 사이버공간은 빅뱅에 견줄 만한 기하급수적인 힘으로 현재 우리 눈 앞에서 폭발하고 있다. 우주론자들은 우주의 물질 공간이 약 150억 년 전에 무에서 폭발하여 오늘에 이르렀다고 말하는데, 사이버공간도 역시 무에서 시작되었다. 현재 우리는 이전에는 존재하지 않았던 새로운 공간, 새로운 영역의 탄생을 목격하고 있다. 서로 연결된 전 지구적 컴퓨터 네트워크 공간은 이전과 다른 영역으로 팽창하고 있다. 물질공간처럼, 이 새로운 사이버공간은 엄청난 속도로 성장하면서, 끊임없이 팽창하고 있다. 매일 수천 개에 달하는 새로운 노드 혹은 '사이트'들이 인터넷과 관련 네트워크에 추가되고 있으며, 이러한 새 노드를 통해서 사이버공간의 전체 영역은 점점 더 커지고 있다. 모든 사이트들은 동시에 여러 '방향'으로 가지를 뻗어 나가는 웹의 복잡한 미로 안에서 서로 연결된다. 1998년 중반 현재, 정기적으로 인터넷에 접속하는 사람의 수는 1억 명에 이르고 있다. 그리고 다음 10년 동안에는 10억 명에 근접할 것으로 추정된다. 이미 3억 페이지가 등록되어 있는 월드와이드웹은 최근 들어 하루에 백만 페이지씩 성장하고 있다. 무에

서 시작한 지 약 30년 만에 사이버공간은 인간 역사상 가장 빠르게 성장하는 '영토'로 확실하게 자리를 잡아가고 있는 것이다.

매우 중대한 의미에서 새로운 디지털 공간은 물리학이 탐구해온 공간 '너머'에 있다. 왜냐하면 사이버세계는 물질의 소립자나 힘이 아니라 비트와 바이트로 이루어져 있기 때문이다. 데이터 패킷은 사이버공간의 존재론적 토대이며, 전 지구적 현상이 '출현하는' 근원이 된다. 사이버공간은 물질의 소립자나 에너지로 만들어진 것이 아니다. 좀 더 명확하게 말해서, 그것은 한마디로 혁명적인 공간이다. 사이버공간은 존재론적으로 물리적 현상에 근거를 두고 있지 않기 때문에, 물리학 법칙의 적용을 받지 않으며 그러한 법칙의 한계에 의해 제한되지도 않는다.

우리는 이러한 발전의 중요성을 평가절하해서는 안 된다. 어떤 의미에서 실리콘 칩은 우리를 형이상학적 통로로 이끈다. 한 웹사이트에서 다른 웹사이트로 여행하는 나의 '운동'은 어떠한 역학 방정식으로도 설명될 수 없고, 내가 활동하는 온라인 공간은 어떠한 물리적 미터법으로도 측정할 수 없다. 여기에서 '공간'의 개념 자체는 지금까지 거의 이해된 바 없는 새로운 의미를 띠게 된다. 역설적이게도, 사이버공간은 물리학적 과학 기술의 부산물이다. 실리콘 칩, 광섬유, 액정화면, 원격통신위성, 심지어는 인터넷에 동력을 공급하는 전기까지, 이 모두가 과학의 부산물이다. 하지만 사이버공간이 물리학 없이는 존재할 수 없다고 하더라도, 그것은 순전히 물리주의적인 실재관에 얽매이지는 않는다.

소위 '과학의 시대' 에 우리들은 철저히 물리적인 공간의 개념에 길들여져서, 사이버공간을 진정한 '공간' 으로 받아들이는 데 많은 어려움을 느낀다. 그러나 내가 사이버공간에 '들어갔을 때', 나의 몸은 의자에 편하게 앉아 있지만, '나' 는 자체적인 논리와 지형을 가지고 있는 또 다른 세계로 송신된다. 분명히 그것은 내가 물질세계에서 경험하는 그 어떤 것과도 다른 종류의 지형이지만, 그것이 물질적이지 않다고 해서 실제로 존재하지 않는 것은 아니다. 즉, 어떤 것이 물질적이지 않다고 해서 그것이 실재하지 않는다고 할 수는 없다. 물질성의 결여에도 불구하고, 사이버공간은 실제로 존재하는 장소이다. 나는 거기에 있다. 우리는 사이버공간을 순전히 물리주의적인 세계상에서 거부당한 인간의 비물질적 측면을 부분적으로나마 발휘할 수 있는 새로운 공간이라고 할 수 있다. 사이버공간은 정신을 위한, 특히 상상력을 위한 새로운 영역이 되었다.

모범 답안

1. 사이버캐릭터, 사이버머니, 이른바 사이버공간이 만들어낸 신조어들이다. 현대인들은 이러한 공간 속에 자신만의 새로운 세계를 만들어가고 있다. 과학 기술 발달의 절정 속에 컴퓨터가 개발되고 인터넷의 보급 등을 비롯해 새로운 공간으로 사이버세계가 등장하였다. 대부분의 사람들이 이 새로운 영토에 집을 짓고 이웃과 교류하며 최대한 이용하게 됨으로써 기하급수적인 성장과 거대한 영토 확장을 이루어냈다. 그렇다면 사이버공간이 형성된 지 얼마 되지도 않아 이렇듯 유례없는 빠른 성장을 이루게 된 배경은 무엇인가? 그에 따르는 문제점은 없는지, 사이버공간에 대한 전반적인 이해가 필요한 때이다.

2. 인터넷 보급률 세계 1위에 걸맞게 우리나라는 인터넷 강국이라 불리운다. 상업 사회를 벗어나 탈산업 사회, 즉, 정보화 사회에서 인터넷은 정보가 생산되고 교환되는 정보 시장의 역할을 한다. 그리고 정치에서 소외되었던 일반 시민들의 목소리까지 들을 수 있게 되었다. 흔히 인터넷 여론의 힘으로 당선되었다고 말하는 노무현 대통령은 직접 민주정치의 요소를 지닌 원격 민주정치, 전자 민주정치를 지향한다고 했다. 하지만 동전에도 앞, 뒷면

이 있듯이 정보화 사회에도 좋은 점과 나쁜 점이 있다. 얼마 전 인터넷 상에서 한 연예인을 비방해 법적 소송으로까지 간 사건은 인터넷의 익명성을 이용한 문제점의 예라고 볼 수 있다. 좋은 점만 있으면 좋겠지만 문제점이 있다면 당연히 고쳐야 한다.

3. 현대 우주론의 눈부신 발전을 가능케 했던 공간의 동질화는 물질의 물리적 실재만을 인정하게 했다. 비동질적이라는 전제하에서 성립 가능했던 영혼의 공간을 물질적 공간이 무한히 확장되면서 침범하게 되었고, 그로 인해 인간의 물질적 측면이 비물질적인 면보다 큰 의미로 받아들여지게 되었다. 이 문제점을 극복하고 인간의 정신적인 면을 활성화시킬 공간으로 떠오른 것이 바로 사이버세계이다. 사이버공간은 기존의 물리적 법칙으로 설명할 수 있는 범위를 벗어난 혁명적인 공간이다. 물리적 실재관이 철저하게 거부된 이 공간 안에서 인간은 고유의 정신체계를 확립하고 개개인의 정신적 능력을 발휘할 수 있게 되었다. 이런 사이버세계의 유용성 때문인지 이 공간은 엄청난 속도로 팽창하며 거대화되고 있다.

100점 논술, 본론 쓰기

1,500~1,800자로 써야 할 경우에는 세 단락을 쓰고, 2,000~2,500자로 써야 할 경우에는 네 단락 정도를 차지하는 본론. 써야 할 분량이 많기 때문에 그만큼 더 어렵습니다. 그리고 자칫 잘못하면 논지에서 벗어나 전혀 엉뚱한 얘기를 할 가능성도 많이 있습니다.

본론에서는 논리성과 창의성, 일관성, 통일성 등을 모두 보여주어야 합니다. 또한 지식의 깊이와 논리적 사고력, 분석력 등을 일목요연하게 표현해야 하는 핵심 부분이기도 합니다.

본론은 우리의 몸통과 같은 부분입니다.

잘못 쓴 글

　현대　대중문화는　가벼움을　추구하고
있다.　하나의　사상에　대해　깊이　생각하
고　진득이　앉아　책을　읽는　젊은이의
모습은　보기　힘들다.　사람이　모이면　시
시한　농담이나　주고받고,　자투리　시간이
생기면　너도나도　핸드폰을　들고　있는
기이한　풍경이　펼쳐진다.　의미　없는　농
담과　빠른　메시지에　둘러싸여　사는　동
안　자신에　대한　성찰은　뒷전으로　밀려
났다.　인간은　점점　가벼워지고　있고,　여
기에　대중문화도　한　몫　하고　있다.　구
성이　짜여진　옛　고전과는　다르게　현대
에는　일상의　소일을　작품으로　만든　책
들이　난무하다.　문제는　사람들이　이런
종류의　책을　선호한다는　점이다.

첨삭지도

이 글은 현대 문화의 속성을 '가벼움'과 '빠른 변화'로 규정지은 제시문에 대한 본론 첫 번째 단락입니다. 그러나 가벼움과 빠른 변화라는 개념을 피상적으로만 진술하고 있어서 분석력과 지식의 깊이를 보여주지 못하고 있습니다.

'현대 대중문화는 가벼움을 추구하고 있다.'는 문장은 그 주체가 누구인지, 그리고 왜 그러한지에 대한 원인 분석이 전혀 없어서 감상적인 수준에 머무르고 말았습니다. 다음과 같이 써 보면 훨씬 짜임새 있는 글이 완성됩니다.

'현대 대중문화는 근본적으로 언론재벌이 생산 주체이기 때문에 상업성에서 벗어나기 힘들다. 따라서 신속한 정보 전달과 정보의 생명력 단축은 필연적인 결과이다.'

그리고 '진득이 앉아 책을 읽는'과 같은 표현은 논리적이거나 이성적인 모습을 보여주기보다 수필이나 일기문과 같은 정서적 갈래의 글에서나 어울리기 때문에 쓰지 않는 게 좋습니다. 글이 이렇게 감상적이 되어버리고

나면 그 다음부터는 같은 어조의 문장이 나올 수밖에 없습니다.

'일상의 소일을 작품으로 만든 책'과 같은 표현이 부정확할 뿐만 아니라 '인간은 점점 가벼워지고 있고, 여기에 대중문화도 한 몫 하고 있다.'는 표현은 이 글의 중심 내용으로 보았을 때 적절하지 않습니다. 또한 '한 몫 하다가'가 아니라 '한몫하다'로 붙여 쓰는 것이 맞습니다.

글을 쓸 때는 자신이 지금 무엇에 대해 쓰고 있는지를 반드시 기억해야 합니다.

대중문화의 신속화에 대해 쓰고 있다면 당연히 '대중문화의 신속화라는 속성 때문에 사고의 깊이 또한 가벼워지고 무비판적으로 변질될 수밖에 없다.'와 같이 글의 중심 내용에서 벗어나면 안 됩니다. 또한 서론에서 제기한 문제점을 구체적으로 설명해 주거나 그 이유를 분석해야만 합니다.

'문제는 사람들이 이런 종류의 책을 선호한다는 점이다.'에서와 같이 어떠한 문제점에 대해 쓰고 있는지 망각한다면 글은 탈선한 기차처럼 참혹한 결말을 향해 달려가고 있을 것입니다.

중간 정도 쓴 글

　제시문 (가)에서는 법에 대해 저항하는 개인이, 그리고 (나)에서는 그와 반대로 법에 순응하는 개인이 등장한다. 두 개인의 행동 차이는 법에 대한 정당성 판단에 기인한다. 법에 대한 부당함을 느낀 개인이건, 어쩔 수 없이 따라야 한다고 생각하는 개인이건 법에 의해 억압당한다는 점에서는 동일하다. 결국 법에 대한 정당성 판단은 개개인의 의식에 따라 달라진다. 이는 개인의 가치관과 사회 안정 중 어느 쪽에 비중을 두느냐에 따라 다른 것과 같고, 이것이 발전되어 개인주의와 전체주의의 대립구도가 된다.

첨삭지도

이 글의 전반부는 짜임새 있게 이루어져 있으나 후반부에 가서 갑자기 애매한 내용이 되었습니다. 법에 저항하는 개인과 순응하는 개인을 비교, 대조한 점은 좋습니다. 하지만 법에 대한 정당성 판단을 개개인의 의식 차이로만 국한시킨 점이 아쉽습니다. 정치 상황에 따라서 또는 교육이나 지식인의 역할 등에 의해 가치관이 형성된다고 분석했다면 좀 더 폭넓은 식견을 보여 줄 수 있었을 겁니다.

마지막 문장에서 '개인의 가치관과 사회 안정 중 어느 쪽에 비중을 두느냐에 따라 다른 것과 같고, 이것이 발전되어 개인주의와 전체주의의 대립구도가 된다.'는 말은 의미가 분명하지 않습니다. 좀 더 여유 있는 마음으로 개인주의와 전체주의를 예시하거나, 장단점을 비교·대조했다면 좋은 글이 되었을 것입니다.

다음 글은 개념을 정의한 다음 장단점을 비교하여 짜임새 있는 글이 되었습니다. 참고해 보세요.

자유주의 국가는 사회 구성원 각자의 자유를 존중하며, 평등주의 국가는 전체의 평등을 최우선으로 친다. 그렇기 때문에 자유주의 국가에서는 자신이 일한 만큼의 결과가 자신의 몫이 될 때 정의롭다고 말하며, 평등주의 국가에서는 자신의 능력만큼 일하고 필요한 만큼 분배받을 때 정의롭다고 말한다.

　자유주의 국가나 평등주의 국가는 그 나름의 장단점이 있다. 자유주의 국가는 사회 구성원들이 다른 사람의 자유를 침해하지 않는 한 모든 자유를 허용한다. 그렇기 때문에 빈부의 격차가 심해질 수 있고 절대 빈곤의 문제가 야기될 수 있다. 반면에 평등주의 국가는 열심히 일을 해도 자신의 몫이 많아지는 것이 아니며 일을 하지 않아도 필요한 생필품을 분배받기 때문에, 일을 하지 않거나 일을 해도 대충대충 하는 사람이 많을 수밖에 없다.

잘 쓴 글

　이렇게 극명하게 찬반이 대립하는 이유는 양자가 서로 다른 세계관을 기초로 하고 있기 때문이다. 근대 이후 산업 사회는 데카르트의 이분법적 사고방식이 주류를 이루어 왔다. 그는 인간을 이성을 가진 우월한 존재로 인식하는 반면, 자연은 인간이 착취할 수 있는 가공의 대상으로만 생각한다. 인간 배아 복제에 찬성하는 사람들은 배아를 인간이 이익을 위해 가공할 수 있는 수단으로 생각한다. 이러한 사고방식은 현대 산업 사회에 많은 문제를 유발한다. 인간이 이익 추구를 위해 끊임없이 자연을 파괴한 결과는 참혹하다. 1952년 영국에서 발생한 런던 스모그 사건, 일본의 이따이 이따이병, 미나마타병, 체르노빌 원전 사고 등은 수많은 인명 피해를 낳았다.

첨삭지도

이 학생이 쓴 글은 우선 분석력이 돋보인다는 점에서 훌륭합니다. '인간 배아 복제'에 대해 피상적인 신문 기사 수준에서 접근하지 않고, 과학 기술에 대해 근본적인 원인을 성찰함으로써 깊이 있는 글 솜씨를 보여주고 있습니다. 또한 '데카르트의 이분법적 사고'라는 개념을 이용하여 배아 복제가 궁극적으로는 과학 기술이 유발한 많은 문제와 유사한 결과가 초래되리라는 논리적 결론을 이끌어내고 있습니다.

이 정도의 지식은 거의 대부분 학생들이 알고 있음에도 불구하고 글을 쓸 때 사용하지 못하는 경우가 많습니다.

윤리와 사회·문화 교과서에서 배운 내용이 가장 좋은 답안지의 기초가 된다는 것을 기억하세요.

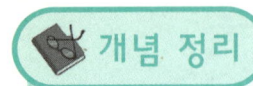

본론에서는 써야 할 분량이 많기 때문에 자칫 주제에서 벗어나는 이야기를 하는 경우가 있습니다. 주제에서 벗어나지 않되 구체적이고 논리적으로 자신의 주장을 펼쳐야 합니다.

1. 글의 핵심 내용을 구체적으로 다루어야 합니다.

서론에서 일반적이고 포괄적인 논제와 문제를 언급하기 때문에 본론에서는 그 내용들을 구체적으로 서술해야 합니다.

例) 이데올로기를 넓은 의미로 파악할 때, 인간과 사회에 관한 인지적이고 규범적인 신념 체계라고 말할 수 있다. 그러므로 이데올로기는 우리에게 세계를 이해하고 해석하는 기본적인 인식의 틀을 제공해 준다. 현대 사회의 여러 가지 이데올로기는 제각기 지향하는 정치·경제 및 사회 체제에 대하여 나름대로 설계도를 가지고 있는 경우가 많다. 이데올로기는 많은 사람이 좀 더 의미 있게 생활을 영위하는 데 필요한 준거(準據)의 틀과 활력소를 제공하고, 각자가 삶의 모습을 결정하는 데 적지 않은 영향을 끼친다.

2. 논점이 분명하게 드러나도록 하고, 반대 의견을 비교·대조하거나 부분 긍정한 다음 비판합니다.

다음 단계에 따라서 쓰는 것도 효율적인 방법입니다. 자신의 주장을 먼저 쓰지 말고 비판하고자 하는 의견을 먼저 써야 글의 흐름과 전개가 자연스러워질 수 있습니다.

부분 긍정	반대 의견
부정	반대 의견
결론	자신의 의견

例) 과학 기술 문명에 대해서 낙관적 기대를 가지고 무조건 추종하려는 의도도 문제가 있지만, 역기능이 있다고 해서 그것을 증오하고 거부하려는 태도도 바람직하다고 할 수 없다. 그것은 마치, 불을 잘못 사용하게 되면 화재가 발생하므로 아예 불이 없었던 원시 시대로 되돌아가자고 말하는 것과도 같은 것이다. 오늘날은 이미 불 없이는 살 수 없는 세상이 되었다. 어차피 불을 사용해야 한다면, 그 성질을 제대로 파악하고 선(善)한 목적을 위해서 사용해야 한다. 따라서 과학 기술에 대하여 가져야 할 바람직한 자세를 살펴볼 필요가 있다.

3. 항상 근거(논리적 이유)가 있어야 합니다.

근거를 제시할 때는 인과관계가 성립하는지 주의해야 합니다. 논술은 논리적인 글이기 때문에 단순한 나열이나 의견 제시만으로는 설득력이 떨어집니다. 따라서 이유나 근거를 제시하면 이러한 문제점을 해결할 수 있습니다.

例) 우리는 불과 30여 년 사이에 농업 사회, 산업 사회, 후기 산업 사회를 거치면서 세 가지 문명을 한꺼번에 경험하였고, 21세기에는 선진국의 대열에 들어서야 하는 과제를 안고 있다. 이처럼 짧은 시간에 너무 많은 변화를 겪은 한국 사회에는 전통 사회와 산업 사회의 문제들이 서로 복잡하게 얽혀 있으며, 이제 후기 산업 사회의 문제까지 등장하기 시작하였다. 한 사회의 문제도 해결하기 전에 다음 사회의 문제가 중첩되면서 우리나라의 사회 문제는 심각성을 더해 가고 있다.

4. 예시를 사용할 때는 주장과 연관성이 있어야 합니다.

무조건 열거하려고 하지 마세요. 본론의 한 단락은 중심 문장과 뒷받침 문장으로 이루어지게 마련인데, 예시와 같은 뒷받침 문장이 중심 문장과 내용상 서로 연결되지 못하면 잘못된 글입니다.

例) 개인의 행위가 국제적 윤리 문제가 되는 수도 있다. 예를 들면, 몇 년 전 미국과 싱가포르는 마이클 페이(당시 18세)라는 한 미국 젊은이의 비행에 대한 태형 집행 문제를 놓고 불화를 빚었으나, 결국은 싱가포르의 법에 따라 결말이 났다. 흥미로운 점은, 많은 미국인들이 싱가포르의 정당한 법 집행에 간섭해서는 안 된다는 생각을 가졌다는 것이다. 이는, 국제 관계에서도 윤리와 도덕적 측면이 강조되고 있음을 말해 주는 것이다.

5. 부연, 상술을 통해서 말하고자 하는 바를 구체적으로 나타낼 수 있습니다.

부연, 상술은 중심 문장의 의미를 자세히 풀이하고 설명하는 방법이기 때문에 이러한 방법을 사용하면 글 전체의 일관성에서 벗어나지 않을 수 있게 됩니다.

例) 역사를 바라보는 관점, 즉 사관은 역사가에 따라 다르겠지만 그 대표적인 관점의 하나로 진보로서의 역사관을 들 수 있다. 이 역사관에 따르면, 역사는 정체하거나 반복되는 것이 아니라 지속적인 발전을 하는 것이며, 그 발전의 원동력은 좀 더 나은 상태를 이룩하려는 인간의 노력으로 보고 있다. 물론, 이러한 역사관이 인류 역사의 모든 단계에 만족할 만하게 부합되는 것은 아니다. 그러나 역사의 주체인 인간의 의지를 중요시했다는 점에서 여타의 사관보다 강한 설득력을 가지며, 그 근거는 실제의 역사가 보여준다.

※ 이제는 여러분이 직접 본론을 써 보세요. 그리고 모범 답안에 있는 글을 원고지에 직접 써 보세요.

서강대학교 논술고사 예시 문제

【논제】

정보화가 급속히 진전되면서 사이버스페이스에 대한 논의가 활성화되고 있다. 다음 두 제시문에 나타난 사이버스페이스에서 국가의 역할에 대한 입장 차이가 무엇인지를 밝히고, 바람직한 사이버스페이스의 발전을 위한 국가의 역할에 대한 자신의 견해를 논술하시오.

〈제시문1〉

"산업세계의 정권들, 너 살덩이와 쇳덩이의 지겨운 괴물아. 나는 마음

(Mind)의 새 고향 사이버스페이스에서 왔노라. 미래의 이름으로 너 과거의 망령에게 명하노니 우리를 건드리지 마라. 너희는 환영받지 못한다. 네게는 우리의 영토를 통치할 권한이 없다."

우리는 우리가 뽑은 정부가 없을 뿐 아니라 그것의 필요성도 느끼지 않는다. 그래서 자유가 명하는 대로 네게 말하겠노라. 우리가 건설하고 있는 전 지구적인 사회 공간은 네가 우리에게 덮어씌우려는 독재와는 무관한 것이다. 너는 우리를 지배할 도덕적 권리도 없고 우리가 무서워할 만한 강제적인 방법도 갖고 있지 못하다.

정부는 시민의 동의에서 자신의 정당한 권력을 얻는다. 너희는 우리의 동의를 얻지도 않았고 부름 받지도 않았다. 우리가 너희를 언제 초청했느냐? 너희는 우리에 대해서도 우리의 세계에 대해서도 전혀 모른다. 사이버스페이스는 너의 관할권 바깥에 있다. 사이버스페이스를 마치 공공 건설 사업쯤으로 생각하여 너희가 그것을 만들 수 있다고 생각하지 말라. 너희는 만들 수 없다. 사이버스페이스는 자연의 움직임이며 우리의 집단적인 행동을 통해 스스로 성장한다. 너희는 우리의 위대한 대화에 참여하지도 않았으며 우리 시장의 부를 만들지도 않았다. 너희는 너희의 법률이 얻는 것보다 훨씬 질서정연한 우리의 문화와 윤리, 불문법에 대해 모른다.

너희는 우리에게 문제가 있으니 너희가 개입해서 문제를 풀어야 한다고 주장한다. 너희는 우리 구역에 침범하기 위한 구실로 이런 주장을 사용한다. 하지만 그런 문제는 존재하지 않는다. 진정으로 갈등이 있는 곳, 문제가 있는 곳이 있다면 우리가 그것을 찾아내어 우리의 방법으로 그것을 밝히겠다. 우리는 스스로 우리 자신의 사회 계약을 만들고 있다. 이러한 집행은 너희의 세계가 아니라 우리 세계의 조건에 따라 생겨날 것이다. 우리 세계는 너희의 세계와 다르다.

사이버스페이스는 웹에서 이루어지는 의사소통의 물결처럼 계약과 관계 그리고 사유 그 자체로 이루어진다. 우리의 세계는 모든 곳에 있으면서 아무 곳에도 없지만 우리의 육체가 거하는 곳은 아니다. 우리는 인종, 경제력, 군사력, 태어난 곳에 따른 특권과 편견이 없이 아무나 들어갈 수 있는 그런 세상을 만들고 있다. 우리는 비록 혼자일지라도 침묵과 동조를 강요당하지 않으면서 누구나 어디에서나 그의 믿음을 표현할 수 있는 그런 세상을 만들고 있다. 너희가 생각하는 재산, 표현, 정체성, 운동, 맥락에 관한 법적인 개념들은 우리에게 적용되지 않는다. 그것들은 물질에 기반하는데 사이버스페이스에는 아무런 물질이 없다. 우리의 정체는 너희와 달리 육체가 없기 때문에 물리적 강제력으로 질서를 만들 수 없다. 우리는 윤리와 개명된 자기이해, 그리고 공공복지에서 우리의 정체가 나타나리라 믿는다. 우리의 정체는 너희의 관할권을 건너 퍼질 수 있다. 우리의 선거인 문화가 일반적으로 받아들이는 법률은 황금률이다. 우리는 이 근거에서 우리의 특수한 해결책을 만들 수 있기를 바란다.

(중략)

너희의 진부한 정보산업이 미국이나 다른 곳에서 전 세계적으로 연설권을 확보한다고 주장하는 법률을 제안함으로써 자신을 존속시킬 수 있다. 이들 법률은 아이디어를 쇳덩어리와 똑같이 취급하여 이것이 또 하나의 산업 생산물이라고 주장할 것이다. 우리의 세계에서는 인간의 마음이 만들 수 있는 모든 것이 복제되고 아무런 비용 없이 무한히 배분될 수 있다. 사고가 전 지구적으로 퍼지는 것은 너희의 공장과는 아무 상관이 없다. 날로 늘어가는 적대적이고 식민지적인 조치들은 우리로 하여금 자유를 사랑하고 스스로 결단했던 자율적인 우리의 선조처럼 먼 곳에서 온 제복의 권위를 거부하도록 만든다. 비록 우리가 우리의 육체에 대한 너희의 지배를 받아들이지만 이제 너희의 지배에 견딜 수 있는 우리의 가상 주체를 선언해야 한다. 우리는 우리 자신을 지구 전체로 퍼뜨려 아무도 우리의 생각을 추적하지 못하도록 할 것이다.

우리는 사이버스페이스에서 마음의 문명을 건설할 것이다. 그것은 너희

정부가 이전에 만든 것보다 더 인간적이고 공정한 세상이 될 것이다.

(존 페리 바를로, 사이버스페이스 독립선언서)

〈제시문2〉

1. 기술은 중립적이지 않다. 우리 시대의 가장 큰 오해는, 기술은 생명이 없는 인공의 산물이기 때문에 아무런 치우침도 없다는 생각이다. 그러나 실제로는 그렇지 않다. 의도적이든 아니든 기술은 사회적, 정치적, 경제적 편향을 담고 있다. 모든 기술적 도구들은 그 이용자들에게 세상을 보는 특정한 틀과 다른 사람과 반응하는 방식을 제공한다. 여러 기술에 깃든 편견을 고려하고, 그것이 우리의 가치관과 생각에 어떤 영향을 끼치는지 파악하는 일은 매우 중요하다.

2. 인터넷은 혁명적이지만, 유토피아를 약속하지는 않는다. 인터넷은 개인과 단체, 기업, 정부 등에 새로운 기회를 제공하는 획기적인 커뮤니케이션 도구다. 그러나 점점 더 많은 사람들이 접속하면서, 인터넷의 사이버스페이스는 현실 세계를 닮아가고 있다. 따라서 인터넷의 장점만큼 그것의 뒤틀어지고 악의적인 면모에도 주목하지 않으면 안 된다.

3. 정부는 사이버스페이스에서 중요한 역할을 해야 한다. 사이버스페이스는 치외법권 지역이 아니다. 물론 이곳의 새로운 규칙과 관례를 존중하고, 섣불리 비효율적인 규제나 검열을 시도하지 않는 것은 매우 중요하다. 그러나 기술 표준과 사생활 보호 문제 등은 정부의 개입 없이 시장 논리에만 맡기기에는 너무나 중차대한 사안이다.

(중략)

6. 정보는 보호받아야 한다. 사이버스페이스에서도 창안자가 주도권을 갖고 자신의 지적 산물을 통제해야 한다. 그를 위해 낡은 저작권법은 수정 보완돼야 한다.

🖊 모범 답안

사이버스페이스에서는 다음과 같은 다양한 문제가 발생하고 있다. 우선 냅스터나 소리바다 등으로 대표되는 저작권 보호, 음란물 등의 불건전하고 유해한 정보의 유통, 스팸메일의 대량 유통, 개인정보의 유출, 해커들에 의한 바이러스의 유포 등이 그것이다. 이렇게 다양하게 나타나는 문제를 해결하는 양극단의 방안으로 제시되고 있는 것이 바로 제시문1과 2라고 할 수 있다. 바를로의 글은 사이버스페이스를 현실의 국가로부터 자유로운 '치외법권의 공간'으로 파악한다. "사이버스페이스는 너의 관할권 바깥에 있다." 바로 바를로는 현실의 국가로부터의 독립선언을 하고 있는 것이다. 이 공간에서는 공권력이 만드는 질서가 아닌 '자생적'으로 생겨나는 질서가 중요하다. "스스로 우리 자신의 사회 계약을 만들고 있다." 이러한 사이버스페이스는 유토피아를 가져다 줄 것이다. 이러한 논의의 연속선상에서 "우리의 세계에서는 인간의 마음이 만들 수 있는 모든 것이 복제되고 아무런 비용 없이 무한히 배분될 수 있다." 즉 자유롭고 비용이 들지 않는 정보의 유통을 주장하여, 저작권에 대한 보호를 거부하고 있다. 냅스터나 소리바다의 정신이 여기에 해당된다고 할 수 있다.

제시문2는 이와 정반대의 입장에 서 있는 글이다. 사이버스페이스가 유토피아를 가져올 것이라는 바를로의 견해와는 달리 "인터넷은 혁명적이지만, 유토피아를 약속하지는 않는다."고 파악하면서 오히려 무질서한 상태에 빠질 가능성에 유의하여야 한다고 지적한다. 그렇기 때문에 국가는 사이버스페이스에서 중요한 역할을 해야 한다. 사이버스페이스는 치외법권 지역이 아닌 것이다. 즉 앞에서 논의한 다양한 문제를 해결하는 방안으로 '자생적 질서'가 아닌 국가에 의한 '강제적 질서'를 제시하고 있다. 현실 국가의 사이버스페이스에 통제권을 인정하게 되면, 자연스럽게 현실 공간에서의 저작권 보호 논리가 확대 적용되어, "사이버스페이스에서도 창안자가 주도권을 갖고 자신의 지적 산물을 통제해야 한다."는 주장으로 연결된다. 즉 저작권에 대한 보호를 거부하는 바를로의 논리와는 정반대의 주장을 하고 있는 것이고, 냅스터나 소리바다에 대한 법원 판결은 이러한 입장에 기초해 있다고 할 수 있다.

100점 논술, 결론 쓰기

이제 서론과 본론을 쓰는 데 자신감이 생겼습니까? 하지만 용두사미라는 말이 있듯이 잘 나가다가 삼천포로 빠지면 곤란합니다. 지금까지 써 온 서론과 본론이 강물이라면 결론은 바다처럼 그 모든 내용을 요약, 정리해서 포함해야 합니다. 그리고 대부분의 논술은 '~에 대해 논술하라' 이기 때문에 분명한 자신의 주장이 있어야 합니다. 결론에서 주장을 뚜렷하게 제시하지 않는다면 문제 제기를 한 목적이 없어지는 셈입니다.

자기 주장이 없는 결론은 김빠진 맥주처럼, 미지근한 수박처럼, 달이 뜨지 않은 대보름처럼, 신부 없는 결혼식처럼 되고 맙니다.

결론에서는 주장을 분명하게, 대책은 구체적으로 써야 합니다.

잘 못 쓴 글

　현대의 가볍고 허무적인 것에 대한 환상은 사라져야 한다. 오랜 시간의 고뇌와 열정으로 만들어진 것이 참 문화이지 일시적인 문화는 끝까지 빛을 발하지 못한다. 현대 대중문화의 문제점을 개선하기 위해서는 개성에 대한 올바른 인식이 필요하다. 개성은 남들의 시선에 신경 쓰지 않고 주체적으로 행동하는, 신념 있는 행동을 뜻한다. 개성은 소비로 얻을 수 있는 것이 아니라 주체성 확립으로만 얻을 수 있다. 현대의 대중 매체의 막대한 힘을 빌려 철학적 사고를 하는 풍토를 조성해야 한다. 시청률을 위해 선정적이고 흥미 위주인 프로그램보다는 인간 본연에 도움이 되는 프로그램을 만드는 노력이 필요하다.

첨삭지도

이 글은 대중문화의 문제점에 대해 쓴 글입니다. 이 글을 쓴 학생은 대중문화가 기업의 이윤 추구 목적으로 인해 나타나는 현상으로 보고 있습니다. 결론의 완결성을 살펴보기 위해 본론 일부를 적어 보겠습니다.

'우리가 보는 유행은 대중이 창조한 것이 아니라 자본가의 상업적 목적에 의해 만들어진 것이다. 대중이 유행을 따라 소비하도록 광고를 하고, 연예인에게 입혀 이미지를 포장한다.'

유행을 예리하게 분석한 것까지는 좋은데 서론에서는 대중문화에 대해 말하고, 본론에서는 유행에 대해 말한 다음, 결론에서는 갑자기 대중매체가 지금까지의 이윤 추구가 아닌 철학적 사고 풍토 조성에 앞장서야 한다고 주장하고 있습니다.

대중문화에 대한 글인지, 유행에 관한 글인지, 아니면 대중매체에 관한 글인지 종잡을 수가 없습니다. 물론, 이 세 가지가 전혀 무관하지는 않지만 글에는 아무런 연결고리도 나와 있지 않다는 데 문제가 있습니다.

결론에서 말하는 내용은 서론과 본론에 반드시 있어야 합니다. 글의 중심 내용에서 벗어나면 안 된다는 것을 꼭 기억하세요.

중간 정도 쓴 글

　사람들은　개인마다　재능이　다르다.　땅
속에　물이　흐르고　있더라도　땅을　파서
찾지　못하면　소용없듯이　재능도　계발하
지　못하면　아무런　가치가　없다.　따라서
개개인의　재능을　계발할　수　있도록　획
일성에서　탈피한　교육이　필요하다.　지금
세계는　세계화의　흐름에　따라　개성과
다양성이　중요시되고　있다.　과거　산업사
회의　소품종　대량생산　체제에서는　단일
화된　상품을　생산했기　때문에　교육도
하나의　잣대로만　학생들을　평가했다.　하
지만　지금은　과거와는　다른　방법으로
학생들을　평가해야　한다.　일정한　답이
정해져　있는　질문　안에서는　고정된　답
만이　나올　수밖에　없다.　일상적으로　만
연해　있는　고정관념을　깨뜨리도록　해야
한다.　창의력과　개성　위주로　학생을　평
가하는　사회가　필요하다.

첨삭지도

한국 교육 문제에 대해 비교적 안정적인 전개를 보이고 있습니다. 특히 재능 계발을 지하수에 비유한 부분은 참신함이 돋보입니다. 그리고 결론이 갖춰야 하는 일관성에서 벗어나지 않았습니다. 하지만 대책 부분에서 갑자기 힘이 빠져버렸다는 데 문제가 있습니다.

다양성이 중시되는 사회이기 때문에 고정관념에서 벗어나야만 한다는 논리는 좋습니다. 하지만 '일상적으로 만연해 있는 고정관념을 깨뜨리도록 해야 한다. 창의력과 개성 위주로 학생을 평가하는 사회가 필요하다.' 라는 부분을 보면 다양성과 개성 계발을 위한 구체적인 대책을 제시하지 않았습니다. 주장과 대책은 항상 구체적이어야 합니다. 예를 들면, 정부와 교육자와 학생, 학부모 들이 해야 할 일을 명확하게 제시한다면 훨씬 설득력 있는 글이 되었을 것입니다.

잘 쓴 글

　현재의　억압적이고　권위주의적인　교육환경은　시급히　개선해야만　한다. 먼저 열악한　교육　환경의　개선이　필요하다. 학생　개개인의　특성에　맞는　지도가　이루어지려면　학급당　학생　수는　최대　30명　정도여야　한다. 정부는　교육　시설증설과　교원　증원을　통해　이　문제를　점진적으로　해결해야　한다. 그러나　학교　운영에　지나치게　간섭해서는　안　된다. 또한　교육　정책은　일관성　있게　추진해야만　한다. 최근　몇　년　간의　교육정책은　오히려　혼란만　가중시키고　있는　실정이다. 또한　학교도　교원평가제를　하루빨리　실시하여　경쟁력　있고　유능한　교사를　확보해야만　한다. 현재　교사들이　현실에　안주하려　한다면　후손에게　돌이킬　수　없는　고통만을　안겨주기　때문이다.

첨삭지도

결론을 잘 쓰는 방법은 의외로 간단합니다. 앞에서도 말했지만 한 번 더 반복한다면 서론에서 제시한 논제(중심 소재)에서 벗어나지 않고, 문제 제기한 내용을 본론에서 비판했기 때문에 결론에서는 그에 대한 구체적인 해결책을 제시하기만 하면 됩니다.

이 글은 학교가 억압적이고 권위주의적 형태에서 벗어나지 못하고 학생 개인의 소질과 능력을 계발하지 못하는 구체적 이유로 열악한 교육 환경과 교사들의 노력 부족을 지적했습니다. 그리고 정부가 지나치게 학교 운영에 간섭함으로써 자율성이 떨어진다고 지적한 부분은 상당한 통찰력까지 엿보입니다.

잘 알고 있는 내용을 쉽게 쓰면 좋은 답안이 됩니다.

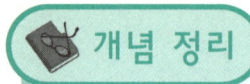
개념 정리

결론에서는 서론과 본론의 내용을 압축해서 보여주는 한편, 자신의 주장을 분명하게 제시해야 합니다.

1. 본론에서 말한 내용을 요약 · 정리합니다.

요약 · 정리는 서론과 본론에서 말한 내용을 압축해서 일목요연하게 보여줄 수 있습니다.

例) 요컨대, 산업화는 더 이상 우리에게 낙관적인 인간의 미래상만을 제시해 주지 못한다. 산업화는 가능성의 영역을 넓힘으로써 인간에게 선택의 기회를 증대시켜 준 것뿐이다. 따라서 산업화를 이룩하고 이용하는 주체가 바로 인간 자신이라는 자각을 지니고 능동적으로 대처할 때, 이러한 문제점들을 극복할 수 있다.

2. 문제점에 대한 자신의 주장을 펼칩니다.

논술은 문제점이나 반대 의견에 대해 주장이나 해결책을 제시하는 글이기 때문에 주장이 없다면 글의 완결성에 어긋나게 됩니다.

例) 이러한 문제점은 서구의 핵가족이 지닌 가족관을 무비판적으로 수용한 데서 오는 가치관의 혼란 때문이다. 따라서 우리는 우리의 전통적인 가족 제도의 장점을 살리면서 현대 산업 사회에 적용할 수 있는 가족관을 창출해 발전시켜야 한다. 그 하나의 방안으로, 3대가 한 집에 살되, 자녀의 출산을 제한하면서 전체적으로 규모 있는 가족 수를 거느리는 가족 제도를 형성하는 것도 고려해 볼 수 있는 것이다.

3. 문제점을 해결할 수 있는 구체적인 해결책을 제시합니다.

해결책은 법령 개정이나 시행과 같이 구체적 행동으로 옮길 수 있는 방법이어야 합니다. 이러한 내용은 전문적이어서 쓸 수만 있다면 플러스 요인이 될 수 있습니다. 하지만 잘 알지 못한다면 안 쓰는 게 더 낫습니다.

例) 따라서 우리 경제의 선진화를 위해서는 이전에 시행해 온 여러 방식을 지양하고, 한국인의 우수한 두뇌로 고도의 기술을 개발하여 질 좋은 생산품을 수출하여야 한다. 예를 들면 광섬유, 컴퓨터 산업, 원자력 개발 등이다. 그렇지만 이러한 개발은 과학 혼자만의 과업이 아니므로 국민 각자가 적극적으로 참여할 때만 가능하다.

※ 이제는 여러분이 직접 결론을 써 보세요. 그리고 모범 답안에 있는 글을 원고지에 직접 써 보세요.

서울대 모의고사 문제

【논제】

제시문1은 기계의 발달이 시장체계를 발전시켰다는 점을 이야기하고 있고, 제시문2는 철도의 부설이 시간과 공간의 의미를 변화시켰음을 이야기하고 있다. 두 제시문의 논지를 발전시키고 그것들을 서로 연결하여 산업혁명 이후 오늘날에 이르기까지 기계의 발전이 인간의 ①사회적 관계와 ②문화적 양식을 어떻게 변화시켜 왔으며, 이러한 변화가 지니는 의미가 무엇인지를 논술하시오.

〈제시문1〉

정교한 기계는 매우 비싸기 때문에 대량의 상품 생산이 이루어지지 않는다면 거래되지 못한다. 그것은 상품의 판매가 적절하게 보장되고 기계에 투입할 원료가 중단 없이 공급될 수 있을 때에만 손실 없이 작동될 수 있다. 상인의 입장에서 보자면 이것은 모든 생산 요소가 구매 가능하다는 것, 즉 돈만 내면 얼마든지 이것들을 사들일 수 있어야 된다는 것을 의미한다. 이러한 조건이 충족되지 않는다면 대규모 전문화된 기계를 이용한 생산은 자기 자금을 투입하는 상인의 관점에서나 수입·고용·공급을 지속적 생산에 의존하게 된 사회 전체의 관점에서나 상당한 위험을 떠안게 될 것이다.

그런데 농업사회라면 그러한 조건들이 당연하게 주어지지는 않는다. 그것들은 창조되어야만 할 것이다. 그리고 그 조건들이 비록 점진적으로 창조된다고 해도 거기에 포함된 놀랄 만한 변화의 본질은 여전히 같다. 이때의 변화는 사회 성원들의 행위 동기의 변화를 요구한다. 즉 생산의 동기가 이윤 동기로 대체되어야 한다. 모든 거래는 화폐거래로 바뀌고 또 교환의 매개체가 경제생활의 모든 마디 속에 끼어들 것을 요구한다. 모든 소득은 무엇인가의 판매로부터 나오게 된다. '시장체계'라는 용어 속에는 이 말에서 느껴지는 단순한 의미 이상의 것이 함축되어 있다. 그러나 이 체계의 가장 놀라운 독특성은 일단 이것이 성립되면 외부 간섭 없이 기능하도록 내버려 두어야 한다는 사실에 있다. 이익은 더 이상 자동적으로 보장되지 않으므로 상인은 그의 이익을 시장에서 만들어내야 한다. 가격은 스스로 규제되도록 허락되어야 한다. 이 같은 시장의 자기 조정적(self-regulating) 체계야말로 우리가 '시장체계'라는 용어로서 의미하고자 하는 것이다.

이전의 경제로부터 이러한 체계로의 전환은 지극히 완벽한 것이어서 지속적인 성장과 발전이라는 말로서 표현하기보다도 차라리 애벌레의 탈바꿈으로 표현하는 것이 나아 보인다. 여기에서 생산자의 행위를 생각해 보라. 그는 판매를 위해서 구매자를 직접 찾을 필요가 없다. 그는 단지 시장에 상품을 내놓으면 된다. 한편 그가 구매하는 것은 원료와 노동, 즉 자연과 인간이다. 이 역시 시장에서 얻을 뿐이다. 상업사회에서 기계제 생산은 결과적으로 사회의 자연적·인간적 실체를 상품으로 전환시키는 것을 의미한다.

그러나 토지나 노동 같은 것은 분명 상품이 아니다. 매매되는 것들은 모두 판매를 위해 생산된 것일 수밖에 없다는 가정이 이 두 가지에 관한 한 적용될 수 없다. 다시 말해 상품에 대한 경험적 정의를 따르자면 이것들은 상품이 아니다. 노동이란 인간 활동의 다른 이름일 뿐이다. 인간 활동은 인간의 생명과 함께 붙어 다니는 것이며, 판매를 위해서가 아니라 전혀 다른 이유에서 생산되는 것이다. 게다가 그 활동은 생명의 다른 영역과 분리할 수 없으며, 비축할 수도 없고, 사람과 떼어 내어 동원될 수도 없다. 그리고 토지란 단지 자연의 다른 이름일 뿐인데, 자연은 인간이 생산할 수 있는 것이 아니다. 그러므로 노동과 토지를 상품으로 묘사하는 것은 전적으로 허구이다.

그렇다 하더라도 노동과 토지가 거래되는 현실의 시장들은 바로 그러한 허구의 도움을 얻어 조직된다. 이것들은 시장에서 실제로 판매되고 구매되고 있으며, 그 수요와 공급은 현실에 존재하는 수량이다. 어떤 법령이나 정책이든 그러한 생산 요소 시장이 형성되는 것을 억제한다면, 결과적으로 시장체계의 자기조정을 위태롭게 만든다. 따라서 이러한 상품 허구는 사회 전체와 관련하여 결정적인 조직 원리를 제공하는 셈이며, 이 원리를 사회의 거의 모든 제도에 매우 다양한 방식으로 영향을 미친다.

〈제시문2〉

증기기관에 의해 인간과 세계의 공간은 단축되었다. 철도의 출현으로 이질적인 공간은 균질적인 공간으로 탈바꿈했다. 거리의 마찰이 극복됨으로써 각 지역의 고유성은 파괴되고 자본주의적 생산과 소비 공간으로 흡수되었다. 철도가 이동하는 곳마다 도시들이 솟아났다. 철도는 인간의 공간지배력을 급속하게 넓혔다. 상품 유통이 촉진됨에 따라 자족적인 지역경제는 국민경제로 수렴되었다. 또 인간이 자연의 순환적 리듬에서 벗어나 인공의 기계적 리듬에 호흡을 맞추게 된 것도 철도 때문이었다. 철도는 인간에게 기계적 시간을 강제했다. 철도시간표는 지역적 시간을 해체하고 통일적인 시간을 부여했다.

철도가 공간과 시간을 없앤다는 생각은 그때까지 우리 마음 속에 각인되어 있던 교통 기술이 갑자기 완전히 새로운 것으로 대체되었다고 느끼는 인지(認知)의 현실 상실로 이해할 수 있다. 철도가 만들어낸 공간−시간 관계는 과거 수송수단이 만들어냈던 공간−시간 관계에 비하면 추상적이고 방향성을 상실한 것처럼 보인다. 철도는 더 이상 이전의 마차와 길처럼 전경(前景)이라는 공간에 묶여 있는 것이 아니라 오히려 이 공간을 관통하고 있는 것처럼 보인다.

하이네는 전통적인 공간−시간 의식이 이렇게 혼란을 겪게 된 순간을 포착해 냈다. 1843년 파리에서 루앙과 오를레앙으로 가는 노선이 개통되었을 때 그는 '무시무시한 전율, 결과를 예상할 수 없고 예측할 수도 없는 엄청난 일, 혹은 전례 없는 일이 일어났을 때 우리가 느끼는 그러한 무시무시한 느낌'을 언급하였다. 그리고 그는 철도를 화약과 인쇄술 이래로 '인류에게 커다란 변화를 가져오고, 삶의 색채와 형태를 바꾸어놓은 숙명적 사건'이라고 불렀다. 나아가서 다음과 같이 적고 있다. '이제 우리의 직관 방식과 우리의 표상에 어떤 변화가 생길 것임에 틀림없다! 심지어 시간과 공간에 대한 기본적인 개념들도 흔들리게 되었다. 철도를 통해서 공간은 살해당했다. 이제 사람들은 3시간 반 내에 오를레앙까지, 그리고 꼭 같은 시간 내에 루앙까지 여행한다. 이 노선들이 벨기에와 독일까지 연결되고 또 그곳의 철도들과 연결된다면, 어떤 일이 초래될 것인가? 내게는 모든 나라에 있는 산들과 숲들이 파리로 다가오고 있는 듯하다. 나는 이미 독일 보리수의 향내를 맡고 있다. 내 집 문 앞에는 북해의 파도가 부서지고 있다.'

여기서 우리는 동일한 하나의 변화가 지니는 두 가지 모순적인 계기들을 분명히 볼 수 있다. 철도는 한편으로 이제까지 마음대로 할 수 없었던 새로운 공간들을 열어놓았지만, 다른 한편으로 이러한 일을, 그 사이의 공간을 없앰으로써 가능하게 했다. 느리고 노동집약적인 원시기술적인 수송에서는 완전히 감내해야만 했던 사이 공간 혹은 여행 공간이 기차 수송에서는 사라졌다. 기차는 단지 출발과 목적만을 안다. 1840년에 쓰여진 프랑스의 한 텍스트는 다음과 같이 쓰고 있다. '철도는 단지 장소로 드러나는 출발, 정지 그리고 도착만을 안다. 그리고 이들은 대부분 서로 멀리 떨어져 있다. 철도는 이들 사이를 가로질러 가고, 거기에서 단지 쓸모없는 구경거리만 제공하는 그 사이 공간들과는 아무런 연관도 갖지 않는다.'

전통적인 여행 공간이었던 목적지들 사이의 공간이 사라지면서, 이 목적지들은 서로서로 접근하고 충돌도 한다. 이 목적지들은 과거의 '지금'과 '여기'를 잃어버렸다. 이런 것들은 중간의 사이 공간을 통해 규정되어 왔다. 그 안에서 장소들이 서로서로에게 공간적 거리를 생겨나게 했던 고립이 지워져버린 것이다.

수준별 답안

1. 논리성과 창의력이 돋보이는 글

그간 인류는 기계의 발달을 통해 물질적 풍요라는 혜택과 시공간의 단축이라는 혜택을 향유해 왔다. 하지만 이러한 변화는 인간을 자연으로부터 분리시켰고 지역의 고유성을 파괴하는 부작용을 가져왔다. 결국 이것은 현대사회가 자본주의를 기반으로 한 이익사회라는 것을 의미한다. 이익사회는 소유양식의 삶을 의미한다. 요즈음 불고 있는 슬로우 푸드, 느리게 살기 운동은 이익사회가 반드시 좋은 것만은 아니라는 것을 의미한다. 따라서 미래의 우리 사회, 문화적 모습은 이익사회의 부작용들을 어떻게 개선해 가느냐에 달렸다.

2. 논리적이기는 하지만 표현이 매끄럽지 않은 글

대중 매체의 발달은 전파로서 설명될 수 있는데, 대중의 의식을 성장시켜 대중문화를 성립시켰으며, 유행을 전 세계로 퍼뜨리기도 한다. 기계적인 문명이 발달하면서, 자연을 적절히 개발하는 것도 문화의 새로운 측면으로 등장했다. 인공미를 더욱 중시한다는 점에서 다분히 비판의 여지가 있으나, 인간에게는 또 다른 가능성과 창조의 여건이 주어졌다. 위에서 살펴본 변화들은 현대 사회가 있기까지의 극히 적은 부분이다. 그러나 이들은 공통적으로 좀 더 시대의 변화에 걸맞는 진보적이고 유연한 사고를 요구하며, 자신의 가치를 더욱 올리기 위해 노력하도록 한다. 따라서 위에서 보이는 공동체의 약화, 인간 소외 등의 문제점을 극복한다면 우리가 보다 나은 미래를 맞이하는 것이 그리 어려운 일만은 아닐 것이다.

3. 중심 내용을 파악하기 쉽지 않은 애매한 글

더 이상 사람들은 여행을 과정이라 여기지 않고 목적지에 도착하는 것으로 여긴다. 이것은 인간을 도구화하여 도구를 목적으로 바꾸어 놓는 것과 닮은꼴이다. 더 이상 사람들은 여행을 하는 과정을 생각하지 않으며 일을 하는 도중에 왜 일을 하는지 생각하지 않는다. 인간은 노동력, 즉 생산수단으로 바라보고 생산 시스템과 판매 시스템 속에서 인간의 활동은 통합되고 있다. 인간은 수단이 된 데에 있었던 이러한 사실을 인식하고 인간이 궁극적인 목적이라는 건전한 가치를 깨달아야 한다.

4. 핵심 주장을 파악하기 어려운 글

인류는 지구상에 출현한 이후로 끊임없는 발전을 위하여 힘썼고 발전을 해왔다. 그런 과정에서 기계를 사용하는 법을 알고, 사용하여 지금의 우리로서 발전 가능케 하였고 철도의 발달로 원거리 이동을 가능케 하여 인간의 활동범위를 넓혀 주었다. 물론 발달의 과정에서 부작용을 파생시켰지만 그것은 인간의 발전 욕망 때문에 본의 아니게 생긴 것이다. 앞으로 인류는 더 많은 발전을 꿈꿀 것이다. 하지만 앞으로는 다양한 관점을 살피어 발전을 해가야 하며, 그렇게 할 것이다. 그것이 또 다른 발전을 낳을 수 있기 때문이다.

명작을 읽으면 논술이 보인다

제인 오스틴의 '오만과 편견'

"문학 속 최고의 연애사건, 영국사교계에서 펼쳐지는 발랄하면서 톡톡 쏘는 사랑의 언어들!"

『오만과 편견』은 18세기 후반, 중류 계급의 일상생활 가운데 남녀의 결혼을 둘러싼 문제를 극적이고 사실적으로 서술하고 있다. 사회 문제나 빈민 문제 등 산업혁명 이후 영국 사회에 대한 통찰은 없으나 영국 사회의 지극히 작은 부분을 정확하고 밀도 있게 구사하고 있어 높이 평가받고 있는 작품이다. 이 소설은 소설 속 지극히 한정적인 역할만을 요구받는 여성과 남성을 그림으로써 그 자체가 제한된 사회에 대한 풍자의 역할을 하고 있다.

"당신은 이성적으로만 대답하시고 저도 이성적으로만 받아들이고 있으니, 참 재미라곤 없군요. 하지만 이런 생각이 들어요. 당신 혼자 내버려두었더라면 얼마나 오래 끌었을까 하고 말이에요. 또 제가 말을 걸지 않았더라면 과연 당신이 제게 말을 걸기나 했을까 하고 말이에요. 제가 마음을 먹고 리디아 일에 대해서 당신께 감사를 드린 것이 분명히 큰 효과가 있었어요. 전 너무 두려워요. 이런 말씀을 드려서는 안 되겠지만, 파혼하는 것으로 우리의 마음이 편안해진다면 그 뒤의 도덕적인 문제는 어떻게 되는 건가요? 절대 그런 일은 없겠지만 말이에요."

"그렇게까지 고민할 건 없어요. 도덕 문제니 하는 것은 아예 생각도 말아요. 캐서린 부인은 우리 두 사람을 갈라놓으려고 도리에 어긋나는 짓들을 했지만, 오히려 제게 모든 의문을 풀어주는 결과가 되었답니다. 제가 지금 행복한 것은 당신이 저에게 열심히 감사하고 있는 것 때문은 아닙니다. 저는 당신께 그런 감사를 받고 싶은 마음은 조금도 없었습니다. 이모님이 저에게 알려주셨을 때 저는 희망을 갖게 되었고, 곧바로 모든 것을 알아봐야겠다고 마음을 먹었던 것입니다."

"그럼 캐서린 부인께서는 저희들에게 쉼 없이 도움을 주고 계시는 거네요. 하긴 그분도 기쁘시겠죠. 남 돕는 일을 무척 좋아하시니 말이에요. 그런데, 그때 네터필드에는 무엇 때문에 오셨던 거죠? 그냥 말이나 타고 당황해하시려고 롱번에 오셨던 건가요? 아니면 보다 더 중요한 일이 있으셨던 건가요?"

3장 만점논술 공략 3단계

제시문의 중심 문장을 파악하라!

지피지기 논술

일관성이란?

너는 내가 정말 좋아하는 친구야. 친절하고 다정하고 내 고민을 잘 들어주잖아. 그런데 가끔씩 이기적이기도 해. 하지만 너는 공부도 잘하고, 도덕적이며 리더십도 있어. 비록 네가 잘난 척을 많이 하기는 하지만 말야.

위 예문은 글에 일관성이 있나요?

장점은 장점끼리, 단점은 단점끼리 묶는 것은 아주 중요합니다.

성격이 같은 것들을 잘 묶는 것은 글쓰기의 중요한 작업입니다.
한 단락 안에 있는 문장들은 서로 의미와 형식상 유기적 관계를 맺어야 합니다. 즉 중심 문장에서 '한국의 유교'에 대해 말했다면 뒷받침 문장들도 같은 내용이어야 한다는 말이죠.

잘 못 쓴 글

　대중문화를　전달하는　대중매체를　살펴보면,　요즘의　대중문화가　상업적이며　반사회적　행동규범을　선도하고　있는　것을　쉽게　볼　수　있다.　한때　조직　폭력배의　세계를　다룬　영화들이　봇물처럼　쏟아져,　'조폭　신드롬'을　일으킨　적도　있었다.　이뿐만　아니라　영화나　TV에　나오는　장면들을　따라　하다가　다치거나　심지어는　살인까지　불사하는　이야기들을　뉴스를　통해　가끔씩　듣게　된다.

첨삭지도

이 글은 중심 문장과 뒷받침 문장이 전혀 다른 내용으로 이루어져 있어서 일관성이 없습니다.

이 글의 중심 문장은 '대중문화가 상업적이며 반사회적 행동규범을 선도하고 있다.' 입니다. 즉 중심 개념은 '상업적' 과 '반사회적 행동규범' 이죠.

그런데 다음에 이어지는 뒷받침 문장들은 '조폭 신드롬' 과 '따라 하다가 다치거나 살인까지 불사한다.' 입니다. 중심 문장과 뒷받침 문장의 내용이 달라서 일관성이 없는 글이 되었습니다.

중심 문장과 뒷받침 문장에 일관성 있게 글을 쓰려면 다음 글을 참고해 보세요.

대중문화는 기업이 생산 주체이기 때문에 근본적으로 '상업적' 성격을 띨 수밖에 없다. 즉 이윤 추구와 극대화가 목적이어서 선정적, 폭력적 내용이 대중문화의 근간이다. 그리고 이러한 특성은 사회 윤리와 도덕, 심지어는 법과 배치되는 '반사회적 행동' 규범을 선도하는 역기능을 하게 된다.

중간 정도 쓴 글

민주 사회에서 시민들 개개인은 자신의 가치관에 따라 판단하고 행동할 수 있는 자유가 있다. 그러나 민주 국가를 표방하는 한국에서는 법에 의해 개인의 가치관이 억압되는 경우가 흔하다. 양심적 병역 거부나 강정구 교수에 대한 논란이 이런 모습을 단적으로 보여준다. 게다가 시민으로서의 자유가 보장되는 민주사회에서 개인에 대한 억압은 용납될 수 없다. 그런데도 이러한 법이 적용되고 있는 이유는 법을 제정하는 지배 계층이 자신들의 권익을 유지하려는 성향이 강하기 때문이다. 그들은 조금이라도 혁신적이고 진보적이며, 기존 사회의 가치관을 위협하는 개인이 등장하는 것을 두려워한다. 결국 법이란 반사회적 개인들을 억압하기 위한 수단이다.

첨삭지도

민주 사회의 개념을 '개개인이 자신의 가치관에 따라 판단하고 행동할 수 있다.' 는 식으로 너무 넓게 잡았습니다. 그래서 '법에 의해 개인의 가치관이 억압되는 경우가 흔하다.' 의 예시로 제시한 '병역 거부' 와 '강정구 교수 파문' 이 옳다는 논지로 흐르고 말았습니다.

이러한 예들이 과연 개인의 가치관을 억압하는 것인지에 대한 논의는 뒤로 미루더라도, 중심 개념이 부정확하다 보니 '민주 사회에서 개인에 대한 억압은 용납될 수 없다.' 는 극단적인 결론에 도달하고 말았습니다.

사용한 어휘나 문장의 구조가 나쁘지 않았음에도 불구하고 개념 정리가 부족하여 좋은 글이 되지 못했습니다.

잘 쓴 글

인간 배아 복제에 찬성하는 사람들은 과학이 객관적이고 가치중립적이라고 믿는다. 또한 인간 배아 복제 연구가 인류에게 난치병 치료와 경제적 이익을 줄 수 있다고 생각한다. 그러나 그들은 배아 복제를 이용한 난치병 치료의 윤리적 문제는 외면하고 있다. 인간 배아 복제는 개체 복제가 아니기 때문에 윤리적인 문제가 없다고 생각한다. 또한 배아를 아직 구체적 장기를 형성하지 않는 세포 덩어리로 본다. 그러나 인간 배아 복제에 반대하는 사람들은 배아를 생명의 전 단계로서 하나의 생명으로 인정한다. 따라서 생명을 구하기 위해 또 다른 생명을 파괴하는 연구는 반인류적 행위라며 반대하고 있다.

첨삭지도

배아 복제에 대한 찬성의 입장과 반대 입장을 각각의 근거를 통해 비교, 대조함으로써 글의 흐름이 자연스럽습니다.

'개체 복제가 아니기 때문에 윤리적인 문제가 없다고 생각한다.' 는 관점과 '세포 덩어리'로 본다는 관점을 비교, 대조함으로써 객관성과 보편성, 타당성을 획득하게 되었습니다.

비교, 대조는 두 가지 중 하나를 강조하기 위해 사용하는 수사법입니다. 만일 한 가지 특징만 나열하거나 강조했다면 글은 훨씬 밋밋하게 끝나고 말았을 겁니다.

다양한 수사법을 한 번씩만 사용해도 글은 입체감을 띠게 됩니다.

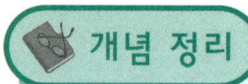

문단은 하나의 통일된 생각을 나타내는 글의 단위로, 몇 개의 문장이 모여서 이루어집니다. 그리고 이는 중심 문장과 이를 구체화하는 뒷받침 문장으로 나눌 수 있습니다. 뒷받침 문장이 하는 일은 중심 문장의 의미를 분명하게 드러내는 데 있습니다. 따라서 중심 문장과 의미가 연결되지 않는 뒷받침 문장은 감점 대상이 됩니다.

1. 중심 문장
-글쓴이가 표현하고자 하는 중심 생각을 담은 완결된 문장.
-중심이 되는 문장으로 '중심 문장', '소주제문'이라고도 합니다.
-문단의 중심 화제와 그 속성을 포괄적으로 담고 있는 문장으로 일반적이고 추상적입니다.

2. 뒷받침 문장
-주제문을 좀더 구체적이고 상세하게 뒷받침하는 내용을 담고 있는 문장.
-구체적이고 특수한 진술로 이루어집니다.
-뒷받침 문장을 활용하면 본론 단락들을 쉽게 쓸 수 있습니다.

① 분석

하나의 관념이나 대상을 구성 요소들로 나누어 가는 과정입니다. 따라서 이 방법은 서로 연관된 여러 부분들로 이루어진 관념이나 대상을 설명하는 데 효과적이죠. 그러므로 분석은 각 구성 요소들이 유기적으로 조직되어 있을 때 사용합니다.

例) 행복을 크게 두 가지로 나누면, 물질적인 것과 정신적인 것이 있다. 유한한 행복, 소극적 행복, 피동적 행복, 상대적 행복 따위가 물질적 조건에서 오는 행복이라면, 이와 반대로 무한한 행복, 영원한 행복, 적극적 행복, 능동적 행복, 절대적 행복 등등이 정신적 조건에서 얻어지는 행복이라 할 수 있다.

② 유추

생소한 개념이나 매우 어렵고 복잡한 주제를 친숙하고 단순한 개념이나 주제와 비교해 나가는 방법으로, 서로 다른 유개념에 속하면서 유사성을 지닌 것들을 대상으로 합니다. 하지만 논술에서 지나치게 많이 사용하면 좋지 않습니다.

例) 미생물을 실험실에서 배양할 때, 어느 때까지는 잘 자라다가 일정 시간이 지나면 먹이 고갈과 노폐물의 축적으로 성장을 멈추고, 끝내는 사멸한다는 것은 익히 알려진 바이다. 인류라고 예외일 수는 없다. 만약, 인류의 생산 활동의 부

산물인 대기 오염, 수질 오염 및 토양 오염을 그대로 방치할 경우, '환경 문제'
는 '환경 오염'의 차원을 넘어 '환경 파괴'로 치닫게 될 것이다.

③ 예시

구체적인 사실이나 사건 등을 통해서 추상적이거나 관념적인 개념 또는
대상을 이해하기 쉽게 설명하는 방법입니다.

例) 동물들은 울음소리로써 서로의 생각을 교환한다. 예컨대, 대부분의 새들
은 위험이 닥쳐오면 경고하는 소리를 내며, 원숭이들은 화나거나 두렵거나 기쁠
때, 분노나 공포나 기쁨의 표현과 같은 그러한 서로 다른 소리를 낸다.

④ 비교, 대조

둘 이상의 대상을 견주어 그 공통되는 성질이나 유사성, 또는 차이점을 중
심으로 설명하는 방법입니다.

例) 이상이나 문화나 다 같이 사람이 추구하는 대상이 되는 것이요, 또 인생
의 목적이 거기에 있다는 점에서는 동일하다. 그러나 이 두 가지가 완전히 일치
되는 것은 아니니, 그 차이점은 여기에 있다. 즉, 문화는 이상이 이미 현실화된
것이요, 이상은 현실 이전의 문화라 할 수 있을 것이다.

예시 문제

※ 다음 제시한 중심 문장을 바탕으로 뒷받침 문장을 써 보세요. 그리고 모범 답안에 있는 글을 직접 써 보세요.

1. 우리가 현재 답습하고 있는 자유주의는 냉전을 통하여 형성된 독특한 사상 체제이다.

2. 우리 사회의 여러 영역에서 수직적 인간 관계를 중심으로 형성된 전통적 규범들과 수평적 인간 관계에 필요한 민주주의적 규범들이 공존, 충돌, 갈등의 관계를 만들어 내고 있다.

3. 최근 우리 사회 경제 정책을 두고 시장 경제와 성장을 중시하는 신자유주의의 미국식 사회 복지 모델을 좇을 것인가, 아니면 분배를 중시하는 사회 민주주의형의 유럽식 사회 복지 모델을 따를 것인가 하는 점이 논란이 되고 있다.

모범 답안

1. 우리가 현재 답습하고 있는 자유주의는 냉전을 통하여 형성된 독특한 사상 체제이다. 냉전이라는 특수한 역사적 상황 속에서 형성된 자유주의는 극단적인 체제 경쟁과 이념 전쟁의 결과로 극도로 방어적이고 경직된 자유의 개념을 중심으로 형성되기에 이른다. 그러나 이 과정에서 형성된 자유주의는 공동체에 대한 배려와 도덕성에 대한 고려 그 자체를 전체주의의 전조로 간주함으로써 개인의 권익 보호 이외의 사회적, 인간적인 면을 도외시하는 극단인 개인주의 사상을 배태시켰다. 냉전의 종식 이후의 자유주의 사상은 극단적인 형태의 소극적 자유를 신봉하는 지극히 개인주의적인, 반공동체이고 반도덕주의적인 동시에 미래에 대한 희망을 상실한 자유주의이다.

2. 우리 사회의 여러 영역에서 수직적 인간 관계를 중심으로 형성된 전통적 규범들과 수평적 인간 관계에 필요한 민주주의적 규범들이 공존, 충돌, 갈등의 관계를 만들어 내고 있다. 동일한 개인이 가정에서는 남존여비 전통에 익숙해 있으면서도 사회에서는 남녀 평등을 주장하고, 권위주의적인 방법으로 민주주의 교육이 이루어지고 있다. 여기서 무시되는 규범은 전통적인 수직적 인간 관계에 필요한 규범이라기보다는 오히려 현대 민주주의 사

회의 수평적 인간 관계에 더 필요한 규범이라는 데 문제의 심각성이 있다. 그렇다고 하여 전통적인 규범이 준수되어서 그 나름대로의 질서가 유지되는 것도 아니다. 가족의 이기주의, 학벌, 족벌, 지방색 등 전통적 문화의 부정적 요소는 쉽게 사라지지 않고 있고, 긍정적 가치들은 약화되었으며, 새로운 가치 체제는 아직도 뿌리를 내리지 못하고 있다.

3. 최근 우리 사회 경제 정책을 두고 시장 경제와 성장을 중시하는 신자유주의의 미국식 사회 복지 모델을 좇을 것인가, 아니면 분배를 중시하는 사회 민주주의형의 유럽식 사회 복지 모델을 따를 것인가 하는 점이 논란이 되고 있다. 낮은 경제 성장률과 함께 유럽 사회의 '골칫거리'인 고실업률은 유럽식 사회 복지 정책을 비판하는 근거가 되어 왔다. '일자리를 잃어도 사는 데 큰 지장이 없을 정도'로 지원을 아끼지 않는 사회 복지 시스템이 사회 구성원의 근로 의욕과 기업의 이윤 동기를 저하시켜, 고실업, 저성장의 악순환을 부른다는 식의 유럽식 복지 정책에 대한 비판은 이른바 '복지병'이라는 단어로 요약된다. 실제로 미국이 1990년대 들어 4~7%대의 실업률을 나타낸 반면 유럽 연합 국가들의 실업률 수준은 7~10%대로 상대적으로 높게 유지되었다. 하지만 유럽의 사회 복지 정책은 소득 재분배를 강하게 추진해 빈부 격차를 줄임으로써 사회 통합에 기여하는 바가 크다는 장점이 있다.

문장 성분의 호응 관계

우리는 절대로 노력해야만 한다.

장기 이식에 관한 한 너무나 다양한 생각이 존재할 수 있다.

한국 여행 수입이 너무 낮다. 심지어는 인도네시아보다도 크게 뒤져 있다.

위 문장들에서 사용한 부사 '절대로', '너무나', '크게' 가 왜 틀렸을까요? 잘 모르겠다면 논술 답안지에도 잘못 쓸 가능성이 많겠군요.

'절대로' 는 부정적인 의미와 호응합니다.

'너무나' 역시 부정적 의미이므로 대신 '매우' 를 써야 합니다.

'크게'는 사물의 모습이 커진다는 뜻이므로 수입이 '훨씬' 뒤져 있다고 해야 합니다.

잘못 쓴 글

　국제 사진 기자상에서 퓰리처상을 수상한 한 사진 기자는 아프리카 수단 남부에서 굶주림으로 힘이 다해 무릎을 꿇고 엎드려 있는 어린 소녀가 쓰러지면 쓰러진 소녀를 먹잇감으로 삼으려는 살진 독수리가 소녀가 죽기만을 기다리고 있는 장면의 앙상하게 마른 검은 몸으로 무기력하게 육신을 도륙 당하는 순간의 한 사진이었다. 굶주림 속에서 부모를 잃고 독수리의 먹잇감으로 사라져가는 그 어린 아이의 죽음은 아프리카의 고통스런 삶과 그로부터 헤어날 수 없는 인류의 이성에 경종이 울린다. 그러나 이 기자는 사진을 찍는 일보다도 그 소녀를 구했어야 했다.

첨삭지도

이 글은 문장의 호응이 올바르지 않기 때문에 모호한 내용의 글이 되었습니다.

첫 문장 속 주어는 '사진 기자'이며, 서술어는 이 문장의 끝에 서술한 '사진이었다'가 됩니다. 문장의 주요 성분만 간추려 보면 '사진 기자는 ~사진이었다.'의 구조가 되고 말았습니다. 이상하죠? 주어를 '사진 기자'가 아니라 '사진 기자의 작품'이라고 해야 호응이 올바르게 이루어집니다.

두 번째 문장의 주요 성분을 정리해 보면 '죽음은(주어)~그것을(목적어)~울린다(서술어)'의 구조를 취하고 있습니다. 따라서 문장을 읽어 보면 뭔가 흐름이 이상하고 불완전하게 느껴집니다. 무엇 때문일까요? 목적어 부분의 문장 성분을 잘못 썼기 때문입니다. 따라서 '경종이' 대신 '경종을'이라고 써야 합니다.

문장을 구성할 때는 '주어와 서술어' 및 '꾸밈말과 꾸밈을 받는 말'이 서로 호응이 되도록 해야 합니다.

중간 정도 쓴 글

　제시문 (가)에서는 법에 대해 저항하는 개인이 등장하고, (나)에서는 그와 반대로 순응하는 자세를 취하는 개인이 등장한다. 두 개인의 행동 차이는 법에 대한 정당성 판단에 기인한다. 법에 대해 부당함을 느낀 개인이건, 어쩔 수 없이 따라야 한다고 생각하는 개인이건 법에 의해 억압당한다는 점에서는 동일하다. 결국 법에 대한 정당성 판단은 개개인의 의식 차이에 따라 달라진다. 이는 개인의 가치관과 사회 안정 중 어느 쪽에 비중을 두느냐에 따라 다른 것과 같고, 이것이 발전되어 개인주의와 전체주의의 대립구도가 된다.

첨삭지도

학생들이 호응 문제 때문에 큰 어려움을 겪는 경우는 많지 않습니다. 전혀 엉뚱한 부사를 쓰거나 관형어와 체언의 의미가 어긋나게 하는 경우는 거의 없습니다.

하지만 문제는 문장의 길이가 길어질 때입니다. 주어와 서술어의 거리가 멀어질 경우, 관형어나 부사어가 지나치게 길어질 경우에는 흔히 호응이 안 되는 문장을 쓰게 마련입니다. 문장의 길이는 원고지를 기준으로 두 줄 정도까지가 적절하다고 생각하세요.

세 번째 문장을 한번 볼까요? '어쩔 수 없이 따라야 한다고 생각하는 개인이건' 앞에 이어진 문장을 보면 '법에 대해 부당함을 느낀 개인이건'이기 때문에 뒤에 나오는 문장도 '법에 대해' 어쩔 수 없이 따라야 한다는 문장 구조가 됩니다.

그래서 이 문장은 '법에 대해 부당함을 느낀 개인이건 법을 어쩔 수 없이 따라야 한다고 생각하는 개인이건'으로 고쳐야만 올바른 호응이 이루어지게 됩니다.

마지막 문장에서도 '개인의 가치관과 사회 안정 중 어느 쪽에 비중을 두느냐에 따라 다른 것과 같고'는 필수 성분이 빠짐으로써 의미가 불분명해졌습니다. '다르다'는 서술어가 '무엇'과 다른지 알 수 없기 때문입니다.

이럴 때는 '어느 쪽에 비중을 두느냐에 따라 가치관 또는 행동양식이 달라지게 된다.'라고 고치면 됩니다.

문장이 길어지면 필수 성분을 잊어버리거나 호응에 문제가 생길 수 있다는 것을 꼭 기억하세요.

잘 쓴 글

　　대중문화의　문제점은　소비의　맹목적　추구와　대중　매체를　그대로　모방하는　주체성　상실이다. 아무리　비판적　시각을　견지하고　있다　하더라도　비판적　시각을　무력화시키는　대중　매체에　빈번하게　노출되다보면, 비판력이　흐려질　수밖에　없다. 따라서　대중문화를　무비판적으로　수용할　것이　아니라　항상　역기능을　고려하는　태도가　필요하다. '모던　타임즈'에　나오는　채플린처럼　기계에　종속되는　존재가　아니라, 주체성을　확립함으로써　대중문화를　발전적으로　활용할　수　있도록　의식이　깨어　있는　존재가　되어야　한다.

첨삭지도

첫 번째 문장을 보면, '대중문화의 문제점은 ~이다.' 로 되어 있어 호응이 잘 이루어져 있습니다. 두 번째 문장 역시 '~라 하더라도 ~할 수밖에 없다.' 로 되어 있고, 세 번째 문장 또한 '~이 아니라 ~가 필요하다.' 는 주장으로 되어 흠잡을 데 없는 문장이 되었습니다.

이처럼 몇 가지의 문장 구조를 연습하고 익혀 놓으면 문장을 쓰기가 쉬워집니다.

좋은 문장을 원고지에 똑같이 옮겨 쓰는 연습을 다섯 번만 해 보세요. 논술이 즐거워질 것입니다.

문장을 읽었을 때 내용이 모호하거나 어딘가 어색하다는 생각이 들면 문장의 호응이 제대로 되어 있는지 살펴보아야 합니다. 주어와 서술어, 부사와 서술어, 목적어와 서술어의 호응이 적절한지 눈여겨봅시다.

1. 호응이란 어느 일정한 단어가 일정한 방법으로 다른 단어와 짝이 되는 관계를 가지면서 문장의 올바른 구조를 형성하는 것을 말합니다.

문장을 구성하는 각 어휘는 다른 성분과 어울리는 것이 있고, 어울리지 않는 것이 있습니다. 이러한 문법 개념을 일컬어서 '호응 관계'라 하는데, 이는 문장을 구성할 때 주어와 서술어의 어울림, 꾸밈말과 꾸밈을 받는 말의 어울림 등을 말합니다. 따라서 서술 형태의 모든 문장은 '주어+서술어(필요한 경우 보어 추가)'의 형태를 갖추어야만 합니다.

물론 우리 문장에서는 주어를 생략하는 경우가 많이 있습니다. 하지만 문맥적 상황으로 보아 행위자가 누구인지 명백하거나 같은 주어가 반복될 때, 주어가 불특정 다수인 경우를 빼고는 반드시 주어를 밝혀 써야 합니다.

2. 주어와 서술어의 호응이 일치하지 않으면 감점 요인이 됩니다.

아울러 우리말의 부사어 중에는 특정한 서술어와 호응을 이루어야 하는 것들이 있습니다.

예컨대, '전혀, 결코, 별로, 차마, 여간' 등의 부사어는 '~이 아니다, ~지 못하다, ~지 않다' 등과 같은 부정의 뜻을 지닌 서술어와 호응을 이루어야 자연스런 문장이 됩니다. 이러한 호응 관계는 특별히 배우지 않더라도 우리 말을 국어로 사용하는 사람이면 누구나 알고 있는 것입니다.

그런데도 부사어와 서술어가 호응을 이루지 못하는 문장을 쓰는 것은 글을 쓰는 과정에서 '쓰려는 내용'에만 집착한 나머지 호응 관계를 소홀히 했기 때문입니다. 따라서 글을 쓴 다음에는 이러한 호응 관계가 제대로 이루어졌는지 반드시 검토하는 습관을 가져야 합니다.

예시 문제

※ 아래 글에서 잘못된 부분을 찾아 고쳐 보세요.

1. 모든 사람은 한 사람의 자연인으로서의 자유는 물론이고 한 사람의 사회인으로서의 책임도 질 줄 알아야 한다.

2. 구성원들은 소외 의식을 느끼지 않고 자기가 속한 집단의 문제 해결과 한번 결정한 것을 실천하기 위해 적극적으로 나설 수 있을 것이다.

3. 언론은 국가 경제나 국민생활에 진정으로 봉사하는 자세로 소비욕구의 자제와 각종 절약운동에 동참하고 이를 앞장서 이끌어야 한다.

4. 이러한 성장의 핵심은 기술 개발과 인재 양성이라는 경영진의 확고한 원칙 덕이었다.

5. 재일동포들은, 일본 사회의 구성원으로서 모든 의무를 다하고 있으면서도 차별과 합당한 대우를 받지 못하고 있다.

6. 의복은 지위를 나타내기도 하고 자신을 좀더 아름답게 표현하는 수단이다.

모범 답안

1. 자유와 책임은 둘 다 지는 것이 아니므로 각각 서술어를 달리 표기해야 합니다.

자유는 물론이고 → 자유를 누리는 것은 물론이고

모든 사람은 한 사람의 자연인으로서의 **자유를 누리는 것은 물론이고** 한 사람의 사회인으로서의 **책임도 질 줄 알아야 한다.**

2. 해결과 결정한 것을 둘 다 실천할 수 있는 대상이 아니므로 각각 다른 서술어를 써야 합니다.

문제 해결과 → 문제를 해결하고

구성원들은 소외 의식을 느끼지 않고 자기가 속한 집단의 문제를 해결하고 한번 결정한 것을 실천하기 위해 적극적으로 나설 수 있을 것이다.

3. '의'는 일본어나 영어식 표현이기 때문에 가급적 쓰지 말아야 합니다. '의'를 쓰면 의미가 불분명해집니다.

소비욕구의 자제와 → 소비 욕구를 자제하고

언론은 국가 경제나 국민생활에 진정으로 봉사하는 자세로 소비 욕구를 자제하고 각종 절약운동에 동참하면서 이를 앞장서 이끌어야 한다.

4. '핵심은 ~이다.'가 되어야 주어와 서술어가 호응될 수 있습니다.

'핵심은~원칙 덕이었다.' → '핵심은~원칙이었다.'

이러한 성장의 **핵심**은 기술 개발과 인재 양성이라는 경영진의 확고한 원칙이었다.

5. '대우'는 '받지 못한다'는 서술어와 호응되지만 '차별'은 '받지 못한다'와 호응이 되면 의미가 이상해집니다. 마치 차별을 받아야 한다는 의미가 되죠?

차별과 합당한 대우를 받지 못하고 있다. → 합당한 대우를 받지 못하고 차별받고 있다.

재일 동포들은, 일본 사회의 구성원으로서 모든 의무를 다하고 있으면서도 합당한 대우를 받지 못하고 차별받고 있다.

6. '고', '며'와 같은 연결 어미로 문장이 이어진다면 앞문장과 뒷문장은 대등한 구조를 이루어야 합니다. '나타낸다' → '표현한다', '나타내는 수단이다' → '표현하는 수단이다'처럼 문장 구조가 같은 꼴이어야 하는 거죠.

자신을 좀 더 아름답게 표현하는 수단이다. → 자신을 좀 더 아름답게 표현하는 수단이기도 하다.

의복은 지위를 **나타내**기도 하고, 자신을 좀 더 아름답게 표현하는 수단이기도 하다.

빠뜨리기 쉬운 필수 성분

나는 본 적이 있어.

나는 좋아하지 않아.

아무도 그 사람이 한 말을……

학교 가는 길에 만났어.

무엇을 보았다는 건지, 무엇을 좋아하지 않는다는 건지, 믿는다는 건지 믿지 못한다는 건지, 누구를 만났다는 건지 불분명하죠? 이처럼 짧은 문장일 경우에는 꼭 필요한 문장 성분이 빠졌다는 사실을 눈치 챌 수 있지만, 긴 문장일 경우에는 깜빡 잊고 쓰지 않는 경우가 가끔 있습니다.

필수 성분이 빠진 문장은 기름이 떨어진 자동차처럼 그 목적을 수행할 수 없습니다.

잘 못 쓴 글

　무엇보다도　창의적이고　자신의　개성을　살릴　수　있도록　도와주는　교육이　필요하다.　판서　교육에　의한　나열식　주입보다는　체험,　경험을　통해　스스로　깨우칠　수　있는　방법이　도움을　줄　수　있다.　루소가　<에밀>에서　말한　교육방법처럼　중요한　청소년기에　스스로　생각할　수　있는　힘을　키워주어야　한다.　다양성을　추구해가는　사회　속에서　획일적　수업　방식은　시대에　맞지　않는다.　학생의　숨겨진　능력을　충분히　발휘할　수　있도록　많은　경험을　하게　해주는　것이　중요하다.

첨삭지도

위 글은 필수 성분이 온통 빠져 있어서 의미가 불분명할 뿐만 아니라 말하고자 하는 바가 무엇인지도 잘 알 수 없습니다.

첫 번째 문장에서 '창의적이고' 와 '자신의 개성' 을 '살릴 수 있도록' 이라는 서술어와 호응을 시켜 썼습니다. 개성을 살릴 수는 있지만, '창의적이고' 를 살릴 수는 없습니다. 어법에 전혀 맞지 않는 문장이므로 '창의성과 개성을 살릴 수 있도록……' 으로 고쳐야 합니다.

'도와주는 교육이 필요하다.' 고 했는데, 주체가 누구인지 명시되어 있지 않습니다. 이러한 문제가 생기는 이유는 누가 그러한 교육을 해야 하는지 잘 모르기 때문입니다. 교육인적자원부나 교사, 또는 교육자들로 주체를 설정하면 간단합니다. '교육자들은 창의성과 개성을 살릴 수 있는 교육을 해야 한다.' 고 고칠 수 있습니다.

두 번째 문장을 볼까요? '판서 교육에 의한 나열식 주입' 이라고 되어 있는데, 누가 가르치고 배우는지조차 분명하지 않은 문장입니다. '판서 교육에 치중하는 주입식 교육만 해서는 안 되고' 가 맞는 말입니다.

'체험, 경험을 통해 스스로 깨우칠 수 있는 방법이 도움을 줄 수 있다.' 고 했는데 '누가' 스스로 '무엇을' 깨우치는지 필수 성분이 빠져 있어 기괴한 문장이 되고 말았습니다. 그러므로 이 부분은 '학생들 역시 스스로 자신의 재능과 소질을 개발하기 위해 노력해야 한다.' 고 고치는 것이 좋습니다.

마지막 문장에서도 '숨겨진 능력을 충분히 발휘('개발' 이 더 좋은 단어입니다)할 수 있도록 많은 경험을 하게 해주는 것이 중요하다.' 고 했는데 누가 하게 해주는지 주체가 없으므로 주체를 명시해 주어야 합니다. 그러므로 '교사를 포함한 교육자들은 학생들이 자신의 능력을 발휘하고 많은 경험을 할 수 있게 해주어야 한다.' 고 고쳐야 합니다.

중간 정도 쓴 글

　한 나라의 역사와 문화는 국익과 연결된 일이 많기 때문에 나라 간의 분쟁이 자주 일어나곤 한다. 일본과의 독도 영유권 분쟁도 결국은 우리 나라의 영토임이 확인되었지만, 우리 나라의 영토도 다른 나라와 영유권 싸움이 있었다는 점에서 우리는 반성해야 한다. 고등학교 교과 과정에서 국사와 근현대사가 선택 과목으로 바뀌면서 역사 과목이 어렵다는 이유로 학생들이 기피하는 현상이 나타나고 있다. 나라의 역사가 바로 서야 우리 나라가 바로 설 수 있다. 학생들의 역사를 바라보는 관점을 바로잡아 우리 역사를 정립해야 한다.

첨삭지도

이 글은 일관성 있게 글을 전개해 나가고 있지만, 일부 문장이 비문(非文)이어서 감점이 되었습니다.

첫 문장에서 '역사와 문화는 국익과 연결된 일이 많다.'고 했는데, '일'이라고 해서는 안 되고 '직결되는 경우가 많다.'고 해야 옳은 문장이 됩니다. '연결된 일'만 독립해서 생각해 보세요. 문화, 국익과는 아무 상관도 없습니다.

두 번째 문장에서는 '독도 영유권 분쟁도 결국은 우리 나라의 영토임이 확인되었지만'에 문제가 있습니다. '독도 영유권 분쟁도 결국은 독도가 우리 나라의 영토임을 각국에서 인정함으로써 일단락되었지만…….'이라고 고쳐야 의미가 자연스럽습니다.

'싸움이 있었다는 점에서 우리는 반성해야 한다.'는 문장도 비문입니다. 따라서 '우리의 역사의식이 투철하지 못했다는 점은 반성해야 한다.'고 고쳐야 합니다.

마지막 문장을 보면, 역사를 바라보는 학생들의 관점을 어떻게 바로잡는지, 그리고 그렇게 하면 역사가 정립된다고 했는데 무슨 뜻인지 의미가 분명하지 않습니다.

이러한 문제가 생기지 않기 위해서는 늘 주어, 목적어, 서술어를 염두에 두며 글을 써야 합니다.

잘 쓴 글

　지금까지 그 많은 공상과학 영화에 미치광이 과학자들이 등장했다. 그들이 천재성을 지녔지만 그 능력을 인류를 파멸시키기 위해 쓴다는 것이 주된 내용이었다. 물론, 현재 과학자들이 미치광이 과학자들처럼 극단적인 생각을 하지는 않겠지만, 과학 기술의 오용이라는 측면에서는 경계해야만 한다. 미국이 일본을 원자 폭탄으로 폭격한 일이나 탄저균 테러와 같은 사건은 극단적인 행동임에도 불구하고 실제 발생했기 때문이다. 이러한 사실을 통해 보았을 때 과연 과학이 과학자들의 순수한 탐구심만으로 인류에게 공헌하고 있는지 의문이다.

첨삭지도

이 글은 영화를 통해 과학의 폐해를 알기 쉽게 접근하고 있습니다. '누가 이런 글을 못 써. 누구나 다 쓰겠네.' 라고 생각할지 모르지만 사실 글을 쓸 때는 쉽게 쓰기가 더 어렵습니다.

역설적으로 대부분의 학생들은 '뭔가 보여주려고' 어렵게 쓰다가 어법에 맞지 않는 문장을 쓰고, 일관성에 어긋나는 문장을 쓰고, 주제에서 벗어난 단락을 씁니다.

위 글은 딱 한 군데! '과학 기술의 오용이라는 측면에서는 경계해야만 한다' 에서 필수 성분이 하나 빠졌습니다. 이 부분은 '경계해야 한다' 는 서술어의 대상이 되는 목적어가 없으므로 '과학 기술의 오·남용을 경계해야만 한다.' 라고 목적어를 넣으면 됩니다.

필수 성분을 빠뜨리지 않는 방법!
글을 쓰면서 마음속으로 읽어 본다.

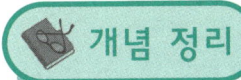
개념 정리

필수 성분이란 주어, 목적어, 보어, 서술어를 말합니다. 이러한 성분들을 빠뜨리지 않아야만 분명한 내용의 글을 쓸 수 있습니다.

1. 주어는 서술어의 주체를 말합니다.

例) 나는 학교에 갔다.

→ '갔다' 의 주체는 '나' 입니다.

2. 목적어는 서술어의 대상을 말합니다.

例) 나는 빵을 좋아한다.

→ 좋아하는 대상은 '빵' 입니다.

3. 보어는 서술어가 '~되다, ~아니다' 로 끝날 때 그 앞에 오는 문장 성분을 말합니다.

例) 그는 의사가 되었다.

→ '되었다' 와 호응이 되는 말은 '의사' 입니다.

4. 서술어는 주어의 행동이나 성질, 상태를 말합니다.

例) 하늘이 푸르다.

→ '푸르다' 의 주체는 '하늘' 입니다.

위에서 말한 문장 성분들을 생략하면, 주체가 누구인지, 주체의 상태가 어떠한지, 또는 행동 대상이 무엇인지 알 수 없게 됩니다. 일반적인 주어거나 역사적 사실, 진리일 경우에는 필수 성분을 생략할 수도 있지만, 논술에서 필수 성분을 생략하고 쓸 일은 거의 없습니다.

예시 문제

※ 다음 문장을 올바르게 고쳐 써 보세요.

1. 우리가 한글과 세계의 여러 문자들을 비교해 볼 때, 매우 조직적이며 과학적이고 독창적인 문자라고 하는 사실은 널리 알려져 있다.

2. 한번 오염된 환경이 다시 깨끗해지려면, 많은 비용과 노력, 그리고 긴 시간이 든다.

3. 인간은 환경을 지배하기도 하고, 때로는 순응하면서 산다.

4. 사람은 남에게 속기도 하고 속이기도 한다.

5. 지난번 폭설로 피해를 본 이재민들에게 주택 복구를 위해 150억 원의 지원금을 긴급 지급키로 했다.

모범 답안

1. 우리가 한글과 세계의 여러 문자들을 비교해 볼 때, 한글이 매우 조직적이며 과학적이고 독창적인 문자라고 하는 사실은 널리 알려져 있다.

2. 한번 오염된 환경이 다시 깨끗해지려면, 많은 **비용과 노력**이 들고, 긴 **시간**이 걸린다.

3. 인간은 환경을 지배하기도 하고, 때로는 **환경에 순응**하면서 산다.

4. 사람은 남에게 속기도 하고, 남을 속이기도 한다.

5. 정부는 지난번 폭설로 피해를 본 이재민들에게 주택 복구를 위해 150억 원의 지원금을 긴급 지급키로 했다.

명작을 읽으면 논술이 보인다

니콜라이 레스코프의 '러시아의 맥베스 부인'

"니콜라이 레스코프는 시대를 앞서간 '미래의 작가' 다." -톨스토이

천재적인 이야기꾼으로 불리는 니콜라이 레스코프. 그는 러시아 작가 가운데 가장 러시아적인 작가로, 러시아 문학사에 큰 획을 그었다. 그의 소설에는 사회와 역사에 대한 심오한 통찰과 인생에 대한 교훈이 묻어나온다. 『러시아의 맥베스 부인』에서는 러시아 벽촌의 풍경과 함께 러시아인들의 원시적 특성을 여과없이 보여주고 있다. 러시아를 알고자 하는 독자라면 러시아의 숨겨진 모습들을 발견하게 될 것이다.

아무튼 그녀에게는 빛도 어둠도 없었으며, 악이나 선도, 권태나 기쁨도 없었다. 그녀는 아무 생각이 없었고, 어느 누구도, 자기 자신조차도 사랑하지 않았다. 그녀는 단지 조급한 마음으로 이송행렬이 출발하기만을 기다리면서, 어느 곳에서건 세료자를 다시 만날 수 있기만을 바랐다. 아이에 관해서는 눈곱만큼도 생각하지 않았다.

카테리나 리보브나의 희망은 그녀를 저버리지 않았다. 무거운 쇠사슬에 묶인 채 낙인이 찍힌 세르게이가 그녀와 같은 무리에 섞여 감옥 문을 나섰다.

그 어떤 혐오스러운 상황에도 인간은 적응을 하며, 어떤 상황에서도 보잘것없는 기쁨이라도 추구하게 마련이다. 그러나 카테리나 리보브나는 아무것에도 적응할 필요가 없었다. 그녀는 다시 세르게이를 보았고, 그와 함께라면 유형지로 떠나는 길도 기쁨이었다.

카테리나 리보브나는 울긋불긋한 삼베 배낭에다 약간의 귀중품만 가져왔을 뿐 돈은 거의 없었다. 니쥐니노브고로드까지 가려면 아직 한참이나 멀었는데도 그녀는 이것을 전부 하급 장교에게 나눠주었다. 그 덕분에 그녀는 세르게이 바로 옆에서 함께 길을 갈 수 있었고, 어두운 밤 숙소의 추운 복도 한구석에서 그를 꺼안고 한 시간이라도 서 있을 수 있었다.

그런데 웬일인지 카테리나 리보브나의 낙인찍힌 연인은 그녀를 그다지 다정하게 대하질 않았다. 무슨 말을 하든지 그는 퉁명스럽게 쏘아붙였다. 그녀는 그와 비밀리에 만나기 위해 먹지도 마시지도 않고 자신에게 절실히 필요한 25코페이카 동전을 거의 텅 빈 돈주머니에서 꺼내 바치는데, 그는 그러한 그녀와의 비밀 만남도 그다지 귀중하게 여기지 않았다.

글을 **펄떡펄떡** 뛰게 만드는 명언

명언을 잘 이해한 다음 한 마디 툭 던지면 글이 생생하게 살아납니다! 평소에 좋은 글이나 속담, 격언 등을 기억해 놓으면 논술을 쓰는데 많은 도움이 될 것입니다.

1. "인간의 지식과 힘은 일치한다." – 베이컨

→ 베이컨은 인간이 자연에 순응함으로써, 자연계에 작용하고 있는 인과법칙을 알게 되고, 그에 기초하여 자연계를 지배할 수 있다고 생각했다.

사용할 수 있는 주제 : 과학기술주의, 물질문명의 폐해

2. "두 가지 지나친 일, 이성을 배제하는 것, 이성만을 용인하는 것." – 파스칼

→ 이성에는 한계가 있음을 인정하여 이성 중심주의의 폐단을 비판한다.

사용할 수 있는 주제 : 이분법적 사고방식, 인간 중심주의, 물질문명의 폐해

3. "모든 귀한 것은 희귀한 동시에 곤란하다." – 스피노자

→ 어리석은 사람은 외부의 원인에 의해 좌우되게 마련이어서 결코 만족

하지 못한다고 말한다.

사용할 수 있는 주제 : 물질주의, 대중문화

4. "어떠한 사람의 지식도 그 사람의 경험을 초월하는 것은 아니다."
–존록

→ 철학에서 경험론을 주장한 록의 학설을 가리켜 '백지설(白紙說)'이라고 한다. 즉, 그는 지식을 생득(生得)의 것이 아니라 후천적으로 습득하는 것으로 보았다.

사용할 수 있는 주제 : 한국 교육의 문제점, 정보화 사회

5. "인간은 얼핏 볼 때 앞에서 끌려지고 있는 것 같지만, 사실은 뒤에서 떠밀려지고 있는 것이다."–쇼펜하우어

→ 이성적 인식을 통해 행동하는 것이 아니라, 캄캄한 밤과 같은 충동과 무의식적으로 살려고 하는 의지에 의해 떠밀려 가고 있다는 뜻이다.

사용할 수 있는 주제 : 이기주의, 철학적 사고의 필요성, 환경 파괴

6. "모든 지도(指導)는 방향 전환이다."–듀이

→ 듀이는 '지도' 란 어린이들의 활동이 일정한 방향을 향하여, 확고하고 새로운 시각 밑에서 행해지도록 그들의 활동을 전환시켜 주는 일이라고 말한다. 교육이란 어디까지나 어린이들이 스스로 자신의 능력을 개발하도록 옆에서 도와주는 것이라는 주장이다.

사용할 수 있는 주제 : 한국 교육의 문제점, 정보화 사회

7. "개인과 국민이 빠지기 쉬운 가장 중요하고 위험한 망상 중 하나는 자기가 신의(神意)의 특별한 도구라고 생각하는 일이다." -러셀

→ 러셀은 헤겔 철학의 주요소인 관념론을 비판, 극복하고 급진적 평화운동가로 활동했다.

사용할 수 있는 주제 : 지역이기주의, 개인주의

8. "윤리란 살려고 하고 살아 있는 것에 대한 무한히 확대된 책임이다." -슈바이처

→ 1차 대전의 소용돌이 속에서 '문화철학' 구성을 하게 된 그는 종교에 더 빠져들 수밖에 없었는지도 모른다.

사용할 수 있는 주제 : 물질주의, 신자유주의, 세계화, 정경유착, 인간 소외

9. "심각한 과학적 정신치고 스스로의 특수한 종교적 감정을 가지지 않은 것은 거의 찾아볼 수 없을 것이다."-아인슈타인

→ 과학자는 자연 속의 모든 특질과 그 운동을 일정한 인과법칙에 의하여 인식하는데, 아인슈타인은 그 인과법칙 깊은 곳에 인간의 인식을 초월한 신비성이 있으며, 그 신비성(자연과의 조화)의 인식이 종교라고 생각했다.

사용할 수 있는 주제 : 과학기술주의, 물질문명의 폐해

10. "우리 경제 사회의 가장 두드러진 결점은 완전 고용을 제공할 수 없고, 소득이 자의적(恣意的)이며 분배도 불공평하다는 점이다."-케인스
→ 케인스는 '고전파 경제학' 이 세계 대공황에 속수무책일 때 '실천적 경제학' 을 주창하여 공황을 타개한 공로를 인정받았다.

사용할 수 있는 주제 : 한국 경제의 문제점, 빈부 격차, 노동 운동

11. "모든 사람을 잠시 동안 우롱한다든가 소수의 사람들을 언제나 우롱할 수는 있다. 그러나 모든 사람을 언제까지나 우롱할 수는 없다."
 -링컨

→ 대통령 선거에서 경쟁자에게 던진 한 마디. 정적은 훌륭한 웅변가였지

만 정치가로서 성실성이 결여되었다고 비판한 말이다.

사용할 수 있는 주제 : 한국 정치의 문제점, 정경 유착, 정관 비리

12. "문명은 폐병과 같다. 폐병은 겉으로 보기에는 나쁘지 않은 듯하고, 때로는 환자 얼굴에 매혹적인 빛이 나타나는 경우까지 있다. 그러나 결국 죽음에 이르게 된다." – 간디

→ 간디는 서양 근대 물질문명에 대해 비판적이었다. 그는 "문명 속에 살고 있는 사람들은 육체적 행복을 인생의 목적으로 하고 있다."고 비판했다.

사용할 수 있는 주제 : 물질주의, 세계화, 민족주의, 인간성 상실